Werner Ross

TOD DER EROTIK

HERKUNFT UND ZUKUNFT 8

Herausgeber:
Friedrich H. Tenbruck, Nikolaus Lobkowicz,
Hermann Lübbe, Thomas Nipperdey
und Matthias Schramm

Redaktion: Gerhard Ruis, Oskar Schatz

Werner Ross

TOD
DER EROTIK

Versuch
einer Bilanz
der sexuellen
Revolution

Verlag Styria Graz Wien Köln

CIP-Kurztitelaufnahme der Deutschen Bibliothek

Ross, Werner:
Tod der Erotik: Versuch e. Bilanz d.
sexuellen Revolution / Werner Ross. –
Graz; Wien; Köln: Verlag Styria, 1986.
(Herkunft und Zukunft; 8)
ISBN 3-222-11715-2
NE: GT

1986 Verlag Styria Graz Wien Köln

Printed in Austria
Gesamtherstellung:
Druck- und Verlagshaus Styria, Graz
ISBN 3-222-11715-2

Inhalt

Vorwort

„Tod der Erotik" ist eine abgekürzte, vereinfachende Formel für einen komplizierten Vorgang: Die sexuelle Revolution, die seit dem Ende des vorigen Jahrhunderts, oft unter dem Banner des Eros oder der Erotik,[1] in immer neuen, immer mächtigeren Wellen unsere Kultur überrollt, hat mit ihrer groben Gewalt und pochenden Eindeutigkeit einen Zwischenbereich überflutet, der bis dahin lebenswichtig für diese Kultur war: jenes mehrdeutige, vielgestaltige Reich der Liebe, das den Eros ebenso in sich barg und einbezog wie alle Stufen der Vergeistigung, das die Übergänge offenhielt, die Zusammenhänge betonte, die Göttlichkeit des Ganzen feierte. Nie ganz abgetrennt von der christlichen Agape oder Caritas, hat diese ganzheitliche Liebe sich innerhalb der christlich-abendländischen Kultur aufs großartigste verwirklicht und ist neben der Religion und ihren Schöpfungen selbst das produktivste Element und Ferment dieser Kultur geworden. Man muß hoffen, daß die im Titel dieses Essays formulierte Todesanzeige noch nicht endgültig ist. Wäre sie es, so wäre das gleichbedeutend mit dem Tod dieser Kultur selbst, was auch immer für Gebilde unter dem Namen „Kultur" ihr folgen würden. Kernsätze, von denen sie lebte, wie der Schlußvers des „Faust" – „Das Ewig-Weibliche zieht uns hinan" – müßten dann dem Unverständnis oder dem Spott anheimfallen.

Der Sex also, behaupten wir, dieses kurzgefaßte Drei-Buchstaben-Wort, das die unanständigen „four letters words" noch um eine Einheit unterbietet, dieser Herr Phallus, wie wir ihn auch nennen können, hat mit maskuliner Gewalt alles Feinere, Zartere, Schillerndere, das sich in Begriffen wie „Erotik" oder „Galanterie" sammelte, aus dem Feld geschlagen. In einem heutigen Pornofilm, einem Inbegriff der neuen Herrschaftsform, können die Beteiligten gar nicht schnell genug aus den Kleidern kommen, um zum Werk zu schreiten.

Man kann den Entwicklungsprozeß freilich auch ganz anders sehen. Dann hat es, seit dem Aufkommen des geschlechtsfeindlichen Christentums, eine allen leiblichen Reizen, Gelüsten und Genüssen abgeneigte asketische Kultur gegeben, die, erst mit der im 18. Jahrhundert obsiegenden Aufklärung zurückgedrängt, Freiräume des Erotischen dulden mußte, bis mit der sexuellen Revolution eben dieses Erotische auf breiter Front siegte,[2] so daß jenes Verdräng- und Versteckspiel zwischen Prüderie und voller Freiheit sich am Ende erübrigte. Unter diesem Gesichtspunkt wäre mit der vollen sexuellen Freiheit von Männlein und Weiblein und Mägdlein und Bübchen die Muckerei endgültig aus dem Wege geräumt, das Paradies wenigstens zonenweise verwirklicht.

Die Vorkämpfer, Wortführer, Bahnbrecher haben es so gesehen, gepredigt und verheißen, im Rahmen selbstverwirklichender Emanzipation, und es mochte ihnen recht sein, daß dabei allerlei Heimliches und Halbseidenes, das sich früher unter dem Banner der Erotik versammelt hatte, mit den Bach hinunterging.

Unsere These hingegen lautet: Der Schnitt, mit dem der Sex freigesetzt, von den alten Konnotationen gelöst, sich selbst zu freier triumphaler Ausübung übergeben wurde, ist ihm selbst ebenso schlecht bekommen wie der Erotik, in der er bis zu diesem Zeitpunkt vielerlei war – Höhepunkt, Geheimnis, Verheißung, Verschleierung und am wenigsten: nackter Vollzug. Wir sehen die sexuelle Revolution nicht als Erfüllung, sondern als Ernüchterung. Der bloße Akt, auf den sich das große Spiel der Liebe am Ende reduziert hat, gehört in den Rahmen jenes Maschinenwesens, jener Humanmechanik, die am Ende auch uns selbst zu gutgeölten Automaten machen möchte. Wir haben die Frohe Botschaft der Erlösung von allen Verklemmungen und Neurosen gehört, aber wir sehen, Freud zum Trotz, nicht die Freudig-Befreiten, nicht die wunderbar gelockerten neuen Menschen, sondern nur auf andere Art Verkorkste.

Das Zeitalter hat den Konkurs der proletarischen Revolution schon erlebt. Nun schickt es sich an, auch die Freudsche Befreiung zu durchschauen, auch wenn die Terminologie des großen Mystagogen noch den Wissenschaftsjargon beherrscht. „Vielleicht haben Sie den Eindruck, unsere Theorien seien eine Art Mythologie, nicht einmal eine erfreuliche in diesem Fall", hat er einmal an Einstein geschrieben und gefragt, ob es diesem nicht ähnlich mit der Physik gehe.[3] So steht es: Mit dem Marxismus ist die Freudsche Lehre wirklich zum Mythos des 20. Jahrhunderts geworden. Nun steht das einundzwanzigste vor der Tür, und wer Witterung aufnimmt, weiß, daß es ganz anderen Parolen folgen wird, die noch nicht ausgegeben sind.

Eine merkwürdige Feststellung darf jedenfalls schon vorab getroffen werden: Die sexuelle Revolution, von der in dieser Schrift die Rede ist, hat sich zwar auch im Zeichen der Vernunft, der Emanzipation, der Natur vollzogen, aber viel auffallender ist, wie oft dabei eine neue Religion, eine neue befreiende Frohe Botschaft, ein neues Evangelium ins Spiel gebracht wurde. Mir hat vor allem daran gelegen, diesen meist übersehenen Aspekt herauszuarbeiten.

Angesichts der Tatsache, daß diese Revolution über ein Jahrhundert hinweg alle Bereiche berührte und verwandelte, Literatur und Leben, die bildenden Künste, das Theater, den Film, die Philosophie und das Vergnügungsgewerbe, kann unsere Darstellung nichts anderes sein als ein Versuch.[4] Schon die Beschränkung auf den deutschen Bereich, mit gelegentlichen Ausblicken nach Frankreich, England, Amerika, bedeutet, daß nur ein Ausschnitt erfaßt wird. Ausgelassen wurde z. B. die Wiener Entwicklung, die Nike Wagner in ihrem Buch über Karl Kraus dargestellt hat; auch die Schilderung jener Phänomene, die sich an die Wiederentdeckung des Marquis de Sade knüpfen und die in Georges Batailles Eros-Thanatos-Philosophie gipfeln, hätte den Rahmen dieser Abhandlung gesprengt.[5] So mag das „Corydon"-Kapitel als Exemplum auch für die anderen in dieser Revolution neugedeuteten sexuellen Phänomene stehen.

Nichts liegt dieser Schrift ferner als der Anspruch auf

wertfreie Wissenschaftlichkeit. Der Standpunkt des Verfassers ist eindeutig: Er hält die sogenannten Reformen für verfehlt und gescheitert. Er ist auf der anderen Seite der Meinung, daß die Prüderie, die zu Ende des vorigen Jahrhunderts im Zeichen des bürgerlichen Anstandes herrschte, ihrerseits untragbar und unerträglich war, ein System, das keine Begründung in der Sache mehr hatte, sondern sich mit den Formalien begnügte. Seine *Ab*lösung stand an, mußte aber nicht in totale *Auf*lösung münden.

Vielleicht läßt sich eine künftige und vernünftige Regelung so skizzieren: Im Bereich des Sexuellen mit seinen starken produktiven und gefährlichen Triebkräften läßt sich kein juristisch durchgängig geregeltes System aufstellen. Es kommt auf die Sitten an, auf die Einhaltung eines Maßes, auf allgemeinverbindliche Festsetzungen des Schicklichen. Diese Spielregeln sind notwendigerweise Kompromisse zwischen der triebhaften Natur des Menschen, den Forderungen der Gesellschaft und den Ansprüchen einer höheren, gebildeten und erzogenen Sittlichkeit. Einrichtungen wie die Ehe und die Familie, wandelbar in ihren Formen, aber unentbehrlich als Konstituenten menschlichen Zusammenlebens, widersetzen sich einer Permissivität, die nach dem Motto „erlaubt ist, was gefällt" lebt – schon weil das, was dem einen gefällt, in der Regel der Kummer des anderen ist. Die Religion als Hüterin dieser Ursittlichkeit tut gut daran, den rigorosen Anspruch ihrer Gebote und Verbote aufrechtzuerhalten, aber gleichzeitig zu betonen, daß wir allesamt Sünder sind und unseren Trieben nachgeben, daß also ihre Forderungen nicht mit denen des Staates zu vergleichen sind, die wir ja in aller Regel zu erfüllen uns bemühen. „Stehlen" hat moralisch einen anderen Stellenwert als „Ehebrechen". Umgekehrt ist die Beliebigkeit, mit der heute „Sex" genannt, verbucht und praktiziert wird, durchaus einem Zustand zu vergleichen, in dem Essen nur noch als „Fraß" bezeichnet und praktiziert würde.

Ein Wort zu den Quellen. Ich habe mich öfter auf zusammenfassende Darstellungen von Teilabschnitten gestützt, die in den Anmerkungen genannt werden. In bezug auf neuere und neueste Entwicklungen habe ich mich auch der Zeitungen und Magazine bedient, als den unmittelbarsten Zeugen – und oft auch Promotoren – jener Zustände, die man früher Sitten genannt hat und heute als Verhalten beschreibt. Gerade was die heutigen Sitten, das heutige Verhalten angeht, trübt Gewöhnung im allgemeinen den Blick. Man geht z. B. ins Theater und wird sich selten bewußt, daß dieser Brauch heute auf gänzlich andere Tatbestände stößt als etwa vor einem Vierteljahrhundert. Hier läßt sich freilich trefflich streiten, und wenn dieser Versuch Anlaß zu solchem Streit gäbe, wäre der Autor mehr als zufrieden.

Erstes Kapitel:

Der dionysische Mensch

Das 19. Jahrhundert war das schlechthin wohlanständige. Es war zugleich das bürgerlichste aller Jahrhunderte. Niemals vorher war so umfassend festgesetzt worden, „was sich gehört". Was mit hochgezogener Braue oder gerümpfter Nase als „unmöglich" bezeichnet wurde, blieb unmöglich, auch wenn es augenscheinlich geschah. Der Tugendbegriff war eisern, die Moral aus Blei. Wie man sich aufführte, hing weniger von der Weltanschauung ab als von der allverpflichtenden Sitte. „Man tut das nicht" stand nicht unter Begründungszwang. Es war der kategorische Imperativ eines Jahrhunderts, das endlich genau wußte, wie der Fisch zu essen und der Neger zu behandeln war.

Rückblickend dürfen wir, soweit selbst (noch) bürgerlich, gerührt sein; es war ja der endliche Sieg der bürgerlichen Moral über die aristokratische. Die hatte immer die Nonchalance gelehrt, die lässige Erhabenheit über grundsätzlich anerkannte Prinzipien. So, in der Lehre streng, in der Praxis lax, hatte sich auch jahrhundertelang die katholische Kirche durchgeschlagen, bis der strenge Protestantismus, vor allem in seiner calvinistisch-puritanischen Variante, sie ihrerseits aus Konkurrenzgründen zum Rigorismus zwang, auch er wiederum getragen von genauer Bürgerlichkeit.

Die Moral hatte in diesen früheren Zeiten gelernt, ein Auge zuzudrücken. Das Mätressenwesen war eine offizielle Einrichtung am Hof des allerchristlichsten Königs von Frankreich. Noch der Herr von Goethe nahm sich einen Bettschatz ins Haus, eine Konkubine (eine Mätresse stand ihm nicht zu). Sie wurde „geschnitten", aber Goethes Stellung blieb unangetastet. Doch Keller, Stifter, Storm, Raabe, Freytag, wäre einem von denen, falls es ihn angewandelt hätte, ähnliches zuzutrauen gewesen? Lord Byron, altadlig, trieb sich zu seiner Zeit noch mit Geliebten herum und steigerte mit erotischer Verruchtheit sein literarisches Prestige. Auch die Lockerheit der Bindungen bei den deutschen Romantikern, das Hin- und Hergeheirate der Schlegel und Schleiermacher, ist noch ein Stück höfischer Kultur (und schon ein Stück antibürgerlicher Emanzipation).

Um 1830 setzt die Wende ein. Der neue König auf dem französischen Thron, Louis Philippe, läßt sich als „Bürgerkönig" feiern. Die bürgerlich stilisierte Ehe der Queen Victoria und der davon ausgehende Lebensstil bringen ihrer Epoche das Markenzeichen „victorianisch" ein. Die beamtenhafte Bürgerlichkeit des fast unsterblichen Kaisers Franz Joseph korrespondiert der offiziersgemäßen Korrektheit des Hohenzollern-Prinzen Wilhelm,[1] der 1871 deutscher Kaiser wird.

Was Anstand angeht, sprang nur das Second Empire, das Kaiserreich des dritten Napoleon, aus der Reihe, bot jene Reize und Abwechslungen, bei denen nicht nur die Preise sündhaft waren.[2] Das Seine-Babel zog seinen Gewinn aus dieser Sonderstellung: Es wurde die Amüsierstadt der Welt, mit Cancan, Absinth und Jean Jacques Offenbach.

Im übrigen war der Triumph der bürgerlichen Moral und ihrer Ordnungsvorstellungen so gewaltig, daß das Laster und die Libertinage in die Heimlichkeit flüchten mußten: heimlich die Liaisons und die Lasterorte (Bordelle und Séparées), heimlich die unehelichen Kinder und die Abtreibungen, heimlich die Verführungen und heimlich die Krankheiten. Was so entstand, wird oft mit dem Vorwurf der „doppelten Moral" und der „Heuchelei" bedacht, aber es war nichts anderes als das Ergebnis einer Verdrängung, die weniger durch die Gebote des Christentums als durch das bürgerliche Bedürfnis nach Respektabilität hervorgerufen war.

Man darf also zwar die Wohlanständigkeit des Jahrhunderts nicht zu ihrem vollen Nennwert nehmen, man muß aber sehen, wie weitgehend sie die ganze Lebenswelt, den ganzen Formencodex durchdrang. Die bis in unser Jahrhundert reichenden Badesitten (z. B. das Meeresbad im blickgesicherten

Karren), die hochgeschlossenen und langärmeligen Nachthemden der Ehefrauen, die Verlagerung weiblicher Reize auf Fußfesseln oder Ellenbogen, die als Äußerstes gezeigt werden durften, bezeugen den hohen Pegelstand auferlegter Tugend.

Im Wort „Tugend" faßte der große Rebell, von dem nun die Rede sein wird, Friedrich Nietzsche, seine Aversionen und Allergien zusammen: Sein Leben lang hat er unter der „Naumburger Tugend", den Anstands- und Wohlverhaltenslehren von Mutter und Tanten, gelitten, unter dem säuerlichen Geruch der Pfarrhausmoral, die gleichzeitig penetrant kleinbürgerlich war.[3]

Gegen diese Kleinbürgerlichkeit richtete er später den Begriff der „vornehmen" Moral auf; die Christlichkeit des Naumburger Pfarrhauses aber verstand er als die Christlichkeit schlechthin, und sie zu bekämpfen, zog er aus. Im „Versuch einer Selbstkritik", den er später seiner „Geburt der Tragödie" voranstellte, formulierte er dieses Lebensziel: „*Gegen* die Moral also kehrte sich damals . . . mein Instinkt, als ein fürsprechender Instinkt des Lebens, und erfand sich eine grundsätzliche Gegenlehre und Gegenwertung des Lebens, eine rein artistische, eine *antichristliche.* Wie sie nennen? Als Philologe und Mensch der Worte taufte ich sie – nicht ohne einige Freiheit – denn wer wüßte den rechten Namen des Antichrist? – auf den Namen eines griechischen Gottes: ich hieß sie die dionysische. –"[4]

Man muß bei diesem Bekenntnis festhalten, daß die Stoßrichtung antichristlich ist, gegen die (enge) christliche Moral, zugunsten des Lebens, das diese Moral unterdrückt. Die Berufung auf Dionysos ist nicht wörtlich, sondern symbolisch gemeint: Sie steht für Entfesselung und Rausch, Lebensdrang und Lebensüberschwang.

Die Schrift selbst, die 1872, ein Jahr nach der Kaiserkrönung Wilhelms I., erschien, war sehr viel vorsichtiger gewesen; das Christentum wird in ihr noch ausgespart. Nietzsche war jung, gerade Professor in Basel geworden, unbekannt, eine Art Assistent Richard Wagners. Das Dionysische, dieser neuproklamierte Wert, wird noch durch das Apollinische ausbalanciert, aber doch schon als Urelement des Menschlichen gedeutet und gefeiert: „Entweder durch den Einfluß des narkotischen Getränkes, von dem alle ursprünglichen Menschen und Völker in Hymnen sprechen, oder bei dem gewaltigen, die ganze Natur lustvoll durchdringenden Nahen des Frühlings erwachen jene dionysischen Regungen, in deren Steigerung das Subjektive zu völliger Selbstvergessenheit hinschwindet." Nietzsche zitiert die deutschen Sankt-Johann- und Veitstänze, die bacchischen Chöre der Griechen und geht bis zu den orgiastischen Festen des Alten Orients zurück.

Was treibt diese entfesselten Menschen, was treiben sie? Am liebsten sieht sie der junge schwärmende Professor malerisch-statuarisch als Gefolge des Dionysos, singend, trinkend, tanzend, und als er sich in Begeisterung geschrieben hat, wird aus dem Gemälde geradezu eine Predigt: „Ja, meine Freunde, glaubt mit mir an das dionysische Leben und an die Wiedergeburt der Tragödie ... Kränzt euch mit Efeu, nehmt den Thyrsusstab zur Hand und wundert euch nicht, wenn Tiger und Panther sich schmeichelnd zu euren Knien niederlegen. Jetzt wagt es nur, tragische Menschen zu sein: denn ihr sollt erlöst werden. Ihr sollt den dionysischen Festzug von Indien nach Griechenland geleiten! Rüstet euch zu hartem Streite, aber glaubt an die Wunder eures Gottes!"

Auch bei genauer Lektüre scheint nichts über das Festtagsgetümmel und die taumelnde Wonne von Tänzern und Trinkern, über die schöne Selbstvergessenheit des Rausches hinauszuführen. Schiller und Beethoven werden mit dem „Hymnus an die Freude" zitiert, und ausdrücklich grenzt der Altphilologe und Griechenschwärmer die Feste des griechischen Dionysos von der „überschwenglichen geschlechtlichen Zuchtlosigkeit" ab, die im Orient herrschte. Sie verhielten sich, so Nietzsche, zu den griechischen wie der bärtige Satyr zu Dionysos.

Aber sieh da – ein paar Seiten weiter wird eben der bärtige Satyr zu einer Art menschlichem Prototyp erhöht. Da heißt es nun, in vollem Widerspruch zu der vorher getroffenen Abgrenzung: „Es war das Urbild des Menschen, der Ausdruck seiner höchsten und stärksten Regungen, als begeisterter Schwärmer, den die Nähe des Gottes entzückt, als mitleidender Genosse, in dem sich das Leiden des Gottes wiederholt, als Weisheitsverkünder aus der tiefsten Brust der Natur heraus, als Sinnbild der geschlechtlichen Allgewalt der Natur, die der Grieche gewöhnt ist, mit ehrfürchtigem Staunen zu betrachten."

Da ist es nun gesagt, die Katze ist aus dem Sack. Nirgendwo sonst im Zusammenhang des Dionysischen ist von den Geschlechtern die Rede. Hier wird die Allgewalt des Geschlechtlichen benannt – und sehr viel später, am Ende von Nietzsches Laufbahn, in der „Götzendämmerung", erläutert: „Was verbürgte sich der Hellene mit diesen Mysterien? Das *ewige* Leben, die ewige Wiederkehr des Lebens; die Zukunft in der Vergangenheit verheißen und geweiht; das triumphierende Ja zum Leben über Tod und Wandel hinaus; das *wahre* Leben als das Gesamt-Fortleben durch die Zeugung, durch die Mysterien der Geschlechtlichkeit. Den Griechen war deshalb das *geschlechtliche* Symbol das ehrwürdige Symbol an sich, der eigentliche Tiefsinn innerhalb der ganzen antiken Frömmigkeit. Alles einzelne im Akte der Zeugung, der Schwangerschaft, der Geburt erweckte die höchsten und feierlichsten Gefühle."

Es ist leicht zu sehen, wie hier das christliche Schema (ewiges Leben, wahres Leben) ins Heidnische rückübersetzt wird. Auch das christliche Leid muß im tragischen Gott seine Entsprechung finden. Und gegen das Kreuz richtet sich das Symbol und Siegeszeichen des Phallos auf, noch ungenannt, aber unverkennbar.

Christlich hingegen (so in „Menschliches, Allzumenschliches" in dem Abschnitt über das religiöse Leben zu lesen) ist es, an das Natürliche die Vorstellung des Schlechten und Sündhaften anzuhängen, „wie er es zum Beispiel noch jetzt in betreff des Erotischen gewöhnt ist": Das „belästigt, verdüstert die Phantasie, gibt den scheuen Blick, läßt den Menschen mit sich selber hadern und macht ihn unsicher und vertrauenslos; selbst seine Träume bekommen einen Beigeschmack des gequälten Gewissens".

Es war eine gewaltige Phantasmagorie, die sich der einsame Professor in seinen Klausen und bei seinen Wanderungen ausdachte: schäumende, schwelgerische Feste, heißblütige Männer, wilde Weiber, Gewalttat und Sträuben, Überwältigung und Erleiden, während er selbst nichts anderes hatte als die kalten möblierten Zimmer und die von der Mutter geschickte Naumburger Wurst. Asket, der er war, träumte er das Hohelied der Lust. Wenn er in der „Geburt der Tragödie" aus dem „Tristan" zitiert, seinem Meister zur Freude, so ist Lust das letzte Wort:

In des Wonnemeeres
wogendem Schwall,
in der Duft-Wellen
tönendem Schall,
in des Weltatems
wehendem All –
ertrinken – versinken –
unbewußt – höchste Lust!

Lust wird der neue Höchstwert, der neue Endwert: „Denn alle Lust will – Ewigkeit, will tiefe, tiefe Ewigkeit!" Und in den letzten Sätzen der „Götzendämmerung" gibt der Prophet, der „letzte Jünger des Philosophen Dionysos", noch einmal die Parole aus: Das tragische Weltgefühl ist es, „die ewige Lust des Werdens *selbst zu sein* – jene Lust, die auch noch die *Lust am Vernichten* in sich schließt".

So wie die vier Teile des „Zarathustra" bewußt als Gegenevangelien angelegt sind, so wird bewußt in ihnen die Lust gegen die Liebe gesetzt, wie die Herrschsucht gegen die Demut, die Selbstsucht gegen die Selbstaufgabe. So das stilisierte Selbstporträt:

Jedem Urwalde zuschnüffelnd,
Süchtig-sehnsüchtig zuschnüffelnd,
Da du in Urwäldern
Unter buntgefleckten Raubtieren
Sündlich-gesund und bunt und schön liefest,
Mit lüsternen Lefzen,
Selig-höhnisch, selig-höllisch, selig-blutgierig,
Raubend, schleichend, lugend liefest . . .

Die Raubtierstreifzüge der Phantasie kompensierten die Schüchternheit des zölibatären Professors,[5] der gerne geheiratet hätte, aber nicht wußte, wie das anzufangen war. So sprengte er in Gedanken Grenzen, ohne zu ahnen, wie viele Jünger sich bald auf ihn berufen würden. Manchmal deutete er nur an, was er sich erträumte, wie in jenem seltsamen Wollustlob im dritten Teil des „Zarathustra": „Wollust: das große Gleichnis-Glück für höheres Glück und höchste Hoffnung. Vielem nämlich ist Ehe verheißen und mehr als Ehe – vielem, das sich fremder ist als Mann und Weib: – und wer begriffe es ganz, *wie fremd* sich Mann und Weib sind!" Noch einmal hebt er nach diesem Rätselspruch an, fällt sich aber sofort selbst in die Rede: Er wolle Zäune um seine Gedanken haben, damit nicht Schweine und Schwärmer in seine Gärten brächen.

Sicher ist, daß seine – geträumte – Erotik einen Zug zur Grausamkeit, im Leiden und Leidenmachen, aufwies. „Sie beißt in sich", heißt es von der Lust im „Trunkenen Lied", und in der einzigen erotischen Szene, die Nietzsche ausgemalt hat, dem „Lied von den Wüstentöchtern" im vierten Teil des „Zarathustra", sehnt er sich, mehr als nach einem Mädchenmund, „nach mädchenhaften eiskalten schneeweißen schneidigen Beißzähnen", er selbst eine Dattel, die gebissen werden möchte. Seine Peitschenphantasien sind bekannt; auch die Fotografie, die ihn mit Freund Rée und Lou Salomé zeigt, vor den Karren gespannt, Lou auf dem Karren mit einer Peitsche, weist in die gleiche Richtung.[6]

Aber das waren Anwandlungen. Er hat sein Leben lang von Paris geträumt und ist nie hingefahren. Offenbachs Musik in der „Schönen Helena" war die erste Offenbarung, Bizets Leidenschaftsoper „Carmen" die letzte. Dazwischen lag verzaubernd der „Tristan". Für die feineren Genüsse, von Sekt bis Séparée, war er zu arm oder zu sparsam. Den gröberen ist er einmal, bei Gelegenheit, erlegen, wie seine letzte Krankheit beweist. Auch in diesem Sinne war er bürgerlich: Seine Biographie weist keinerlei Exzesse, keine Liaison auf, nicht einmal einen Rausch.

Aber er profitierte auch nicht von jenen Zwischenspielen, die das 19. Jahrhundert am Rand erlaubte, von Koketterie und Galanterie, von Flirt und Ballgeflüster. Er war zu feierlich, zu

Verlag Styria Graz Wien Köln

Name/Vorname

Beruf

Straße

Postleitzahl und Wohnort

Nichtzutreffenden Ort bitte streichen

Geschäftsantwort-
postkarte

An den
Verlag Styria

Postfach 511029
D-5000 Köln 51

Postfach 831
A-8011 Graz

prophetenhaft für die Frauen, und wenn er sich einmal aussprach wie bei Lou Salomé, wurde er unheimlich. Daher eine durchgängige Frauenfeindschaft und Abschätzigkeit im Urteil über sie, bis zu jenem extrem törichten Satz in den Reden Zarathustras: „Der Mann soll zum Kriege erzogen werden und das Weib zur Erholung des Kriegers: alles andre ist Torheit."

Es war eine merkwürdig neue Art, die Frauen zu betrachten, nämlich als eine andere Völkerschaft oder andere Tierspezies; ich vermute, daß damals erst jene Gewohnheit aufgekommen ist, statt von „den" Frauen von „dem" Weib zu reden: „Das Weib in ...", „Das Weib als ...". „Allzulange", so Nietzsche im „Zarathustra", „war im Weibe ein Sklave und ein Tyrann versteckt." Und: „Noch ist das Weib nicht der Freundschaft fähig: Katzen sind immer noch die Weiber, und Vögel. Oder, besten Falles, Kühe." Und: „Ist es nicht besser, in die Hände eines Mörders zu geraten, als in die Träume eines brünstigen Weibes?" Daß der Mann nur schlecht sein kann, das Weib aber böse, gehört zu den meistzitierten Sätzen aus Nietzsches Predigerbuch. Das alte Weiblein aber, vor dem er auspackt und das ihm schließlich sorgsam verpackt die Peitsche mitgibt, stellt befriedigt fest: „Seltsam ist's, Zarathustra kennt wenig die Weiber und doch hat er über sie recht!"

Ein neuer, kühler, „wissenschaftlicher" Blick demaskierte die Frauen, widerlegte Goethes Wort vom Ewig-Weiblichen, dämonisierte aber zugleich das andere Geschlecht, das den hochstrebenden Mann durch seine Geschlechtlichkeit aus der Bahn warf. So sind Strindbergs haßerfüllte Ausfälle („Die Beichte eines Toren", 1895), des zu seiner Zeit hochangesehenen Nervenarztes Möbius' Abhandlung „Über den physiologischen Schwachsinn des Weibes" (1900) und Otto Weiningers Zuteilung des Genies an den Mann und der Geschlechtlichkeit an die Frau („Geschlecht und Charakter", 1903) durchaus auf einer Entwicklungslinie zu sehen, die mit Nietzsches Verdikt anhob.

Die nur mit männlichen Partnern zu verwirklichende Freundschaft war der Gegenpol zur Sklaven-, Tyrannen- oder

Hexenhaftigkeit des Weibes, zur „femme fatale", zur Sphinx oder wie auch immer man ihre Nicht-mehr-Verständlichkeit umschrieb. Nietzsche war seinen Freunden ein enthusiastischer Freund, und Wagner, der *homme à femmes,* war schnell bei der Hand, gewisse Vermutungen daran zu knüpfen. Mittelbar mit der Homoerotik vertraut war Nietzsche jedenfalls durch seinen Freund Carl von Gersdorff, der ihn brieflich über seine diesbezüglichen Schwärmereien unterrichtete.

Das Phänomen interessierte ihn; in einem Brief an Rohde, den geliebtesten unter den Freunden, hält er ihm vor, in seinem Buch über den griechischen Roman die Päderastie der Griechen verschwiegen zu haben, auch Burckhardt habe in seinen Vorlesungen über die griechische Kultur nichts darüber gesagt. So war es; das Thema war der erhöhten Schamhaftigkeit des Jahrhunderts tabu. Nietzsche hingegen sah, erkannte – aus welcher Wahlverwandtschaft? –, daß Platons verfeinerte Erotik gerade hier sich ausgebildet hatte, und wenn er die griechische Leibvergottung pries, vergaß er nicht hervorzuheben, welche Leiber da am Göttlichen teilhatten: „Es ist wahrscheinlich, daß bei solchen vollkommenen und wohlgeratenen Menschen zuletzt die allersinnlichsten Verrichtungen von einem Gleichnis-Rausche der höchsten Geistigkeit verklärt werden; sie empfinden an sich eine Art *Vergöttlichung des Leibes* und sind am entferntesten von der Asketen-Philosophie des Satzes ‚Gott ist ein Geist' ..."[7]

Daß dies wieder so werde, ist seine Hoffnung, die sich in der Feststellung äußert, daß „wir" von Tag zu Tag griechischer werden, zunächst freilich nur als „gräzisierende Gespenster". „Aber dereinst hoffentlich auch mit unserem *Leibe!*" Wie ein spätes Echo dazu klingt der Vers aus Georges Maximin-Gedicht: „den leib vergottet und den gott verleibt."

Zweites Kapitel:

Psychopathia sexualis

Wie man auch immer die letzten Jahrzehnte des 19. Jahrhunderts verstehen will – als eine neue Phase der Aufklärung, als einen weiteren Schritt der Emanzipation oder als ein Absinken, als Dekadenz, Degeneration, Entartung – überall, in allen Ländern und Literaturen, fällt auf, wie eng Wissenschaft und Literatur, Lebenspraxis und Lebensphilosophie, Aufklärung über die Grundlagen der Geschlechtlichkeit und lüsternes Interesse an dieser Thematik miteinander verbunden waren.

Die „Nerven" werden für den Roman ebenso interessant wie für die Medizin. Der Anspruch auf Wissenschaftlichkeit entschuldigt gewagte Themen und Szenen. Prozesse und Beschlagnahmungen bleiben hilflose Abwehrmanöver der Öffentlichkeit und der bürgerlichen Wohlanständigkeit. Baudelaire wird wegen der lesbischen Szenen in den „Fleurs du Mal" zu 300 Francs Strafe verurteilt, die Gedichte müssen entfernt werden und werden umso berühmter. Der Prozeß findet noch unter dem Zweiten Kaiserreich statt; nach 1871 verliert die Kirche als Hüterin der Sitte in Frankreich ihren Einfluß. Zugleich rechtfertigt der verlorene Krieg gegen Preußen das Bewußtsein der „décadence", einer Verfeinerung der Empfindung, mit der man über die „grands barbares blancs", die deutschen Sieger, triumphiert.

Der Anspruch, unter dem die andere große Literaturschule, der Naturalismus, antritt, ist Wissenschaftlichkeit. 1877 erscheint der Roman des Freudenmädchens Elisa („La fille Elisa") von Edmond de Goncourt. Seit 1862 haben die Brüder Goncourt das Material dafür gesammelt. In den Roman ist der klinische Bericht über die Hysterie des Mädchens eingearbeitet, die sie in geistige Umnachtung führt. Zolas „Nana" reiht sich 1880 an. Auch Nana, die Kokotte des Second Empire, ist sozusagen vorberechenbar zur Dirne geworden, als Tochter eines Trinkers und der zwar tapferen, aber ebenfalls dem Alkohol erliegenden Gervaise aus dem Roman „L'assommoir". Ihr Triumph enthüllt die Welt als Bordell, ihr elenderTod klagt die Unmoral der Gesellschaft an, die den Alkohol ebenso auf dem Gewissen hat wie die Prostitution.

Deutschland ist dieser „Fortschrittlichkeit" gegenüber weit zurück. Nur Nietzsche denkt vor, entwirft in der „Fröhlichen Wissenschaft", die 1882 erscheint, eine Art Arbeitsprogramm für kommende Forschung: „Alle Arten Passionen müssen einzeln durchdacht, einzeln durch Zeiten, Völker, große und kleine Einzelne verfolgt werden; ihre ganze Vernunft und alle ihre Wertschätzungen und Beleuchtungen der Dinge sollen ans Licht hinaus! Bisher hat alles das, was dem Dasein Farbe gegeben hat, noch keine Geschichte; oder wo gäbe es eine Geschichte der Liebe, der Habsucht, des Neides, des Gewissens, der Pietät, der Grausamkeit?" Die Liste ist interessant: „Liebe" am Anfang, „Grausamkeit" am Ende. Nietzsche blickt in die Zukunft: „Es bedarf ganzer Geschlechter und planmäßig zusammenarbeitender Geschlechter von Gelehrten, um hier die Gesichtspunkte und das Material zu erschöpfen." Teamarbeit ist da vorgesehen, ein Forschungsprogramm, das den Behaviorismus, die Verhaltensforschung, vorwegnimmt, nur daß es ganz stark rückwärts gewandt ist, daß es Geschichte aufarbeiten soll.

Ein paar Jahre später, 1886, erscheint dann das große Werk, das Nietzsche nicht mehr kennenlernt, das ihn durch seine Materialfülle und Vorurteilslosigkeit entzückt haben würde: die „Psychopathia sexualis" des Professors und Nervenarztes Richard von Krafft-Ebing. Ein Standardwerk der Perversionen, bewußt mit lateinischem Titel und lateinischen Fallbeschreibungen, um das profane Volk wegzuscheuchen, aber voll von dem Stoff, der Décadents und Naturalisten, Seelenforscher und Neugierig-Lüsterne gleichermaßen beschäftigt: den Abirrungen vom Normalen. Und wie hundert Jahre zuvor Linné den Pflanzen Namen gegeben hat, so findet auch Krafft-Ebing neue Bezeichnungen, und nennt die sexuell gewürzte Lust, Schmerz zu bereiten, Sadismus, nach dem Marquis de Sade, und ihr Gegenstück, die Wollust des Gepeinigtwerdens, Masochismus, nach einem zeitgenössischen Autor, dem Ritter Leopold von Sacher-Masoch, der mit dem Roman „Venus im Pelz" (1870) Anlaß dazu gab.[1] Der Ritter wehrte sich umsonst gegen die anstößige Verwendung seines Namens. Bemerkenswert bleibt für uns die auch mit diesen beiden Namen geknüpfte Verbindung zur Literatur, welche die einschlägigen Laster aus den Geheimkabinetten ans Tageslicht gehoben hatte. Noch wichtiger, daß die Nomenklatur ihnen einen wissenschaftlichen Standard gab. Aus dem unbestimmt Anrüchigen wurde eine terminologisch fixierte Spezies oder Varietät.

Eine Rückbesinnung ist hier nützlich. Der gebräuchliche Terminus für die bei Krafft-Ebing behandelten Varietäten des Sexuallebens war Perversion. Der Begriff hat eine einfache, in die Theologie zurückführende Geschichte. „Perversus" heißt verkehrt, die falsche Richtung einschlagend. „perverso more" heißt gegen die Sitte, „perverso numine" gegen den Willen der Götter. Die „conversio" ist die richtige Hinwendung; im religiösen Bereich heißt das, wenn man aus dem Heidentum oder aus der Sünde kommt, Bekehrung; „perversio" ist das Gegenteil davon, die Abkehr, der Abfall, und allgemein ist in den romanischen Sprachen daraus der Wortsinn „böse" entstanden. Eine Ordnung kann pervertiert, umgestürzt werden; ein Mensch wird pervertiert, wenn er vom rechten Tugendwege abgebracht wird, wie etwa König Salomon durch die fremdländischen Frauen, die ihn zum Götzendienst verführten.

Wider die Ordnung, das ist eine der Grundbedeutungen. Eine solche Ordnung ist das Geschlechtliche, das dem Zeugungszweck dient. Pervers, „böse" und „verkehrt", „widernatürlich", ist alle Geschlechtlichkeit, die sich außerhalb dieser natürlichen Ordnung vollzieht. Die kirchliche Lehre und die bürgerliche Moral stimmen im 19. Jahrhundert darin voll überein: König Ludwig II. von Bayern, der sich unwiderstehlich zu schönen jungen Männern hingezogen fühlt, klagt sich im stillen Kämmerlein der schweren Sünde an und beichtet seine Schuld.

Krafft-Ebings Handbuch ist wie ein grober Schlußstrich unter diese Buchführung. Das Wort „Perversion" wird aus seinem theologischen Zusammenhang herausgenommen. Was er aufzählt, schildert, belegt, sind Normabweichungen, für die nicht mehr der Beichtvater zuständig ist, sondern der Arzt. Die Frage ist nur noch: Was für ein Arzt? Und da gehört die Kompetenz noch den zunächst allein auf der Bühne vorhandenen, den Nervenärzten, als den Zuständigen für alles Feinere in dem Organismus, der keine Seele mehr hat.

Was das Buch von Krafft-Ebing auszeichnete, daß es zahlreiche Auflagen erlebte und von Laien genauso gekauft wurde wie von Ärzten, waren die Fälle, die Krankengeschichten, die es enthielt. Damit wurde die Psychologie auf den Plan gerufen und der Romanschriftstellerei mit der nackten Wahrheit des Falles Konkurrenz gemacht, was diese wieder veranlaßte, noch detaillierter und dokumentarischer zu arbeiten.

Als ein Mittelding zwischen Psychopathia sexualis und Romanliteratur stellte sich die „Sexualpsychologie" heraus, wie sie der Engländer Henry Havelock Ellis in seiner vielbändigen enzyklopädischen „Psychology of Sex" (1897–1928) entwickelte. Er war eigentlich Literaturprofessor und hatte über das elisabethanische Theater gearbeitet. Aber der Geist der neuen Zeit ergriff ihn um 1890 („The New Spirit"), 1894 schrieb er eines der damals beliebten Bücher über den Unterschied von Mann und Weib („Man and Woman"), begann dann mit seinen unerschöpflichen Studien und kehrte 1898, durchaus folgerichtig, mit Arbeiten über Nietzsche und Zola zur Literatur zurück. Als Josef Breuer und der damals noch kaum bekannte Sigmund Freud 1895 ihre „Studien über Hysterie" herausbrachten, schrieb Alfred von Berger, Professor der Literaturgeschichte an der Universität Wien und Direktor des Burgtheaters, in der „Neuen Freien Presse" eine begeisterte Kritik, in der es hieß: „Wir ahnen, daß es einmal möglich sein wird, die innersten Geheimnisse der menschlichen Seele zu ergründen. Die Theorie ist eigentlich nichts anderes als die Psychologie, die Dichter verwenden." Und er belegte seine These mit Shakespeare-Zitaten und fand, daß Lady Macbeth an einer „Abwehrneurose" gelitten habe.[2]

Man konnte diese neu auftretenden Gefühle, Strömungen, Moden freilich auch als gefährliche Schwächeanfälle des Zeitgeistes, als europäische Degenerationserscheinungen deuten und anprangern, wie es der in Budapest geborene Arzt Max Südfeld tat, der sich als Schriftsteller in Max Nordau umtaufte, in Paris Feuilletons und Reiseberichte für die „Frankfurter Zeitung" schrieb und 1892 zu einem großen kulturkritischen Werk ausholte, das in zwei Bänden die „Entartung" (so der Titel) Europas, Frankreichs an der Spitze, beschrieb.

Das Buch hatte einen Sensationserfolg, wie Jahrzehnte später Spenglers „Untergang des Abendlandes", aber es vermochte nichts gegen jenen allgemeinen Fortschrittsglauben, der sich auf die Erfolge der Medizin ebenso stützen konnte wie auf die physikalischen und chemischen Entdeckungen und die auf ihnen basierenden Erfindungen. Im Jahr von Krafft-Ebings „Psychopathia sexualis", 1886, hatte einer der Helden dieses Fortschritts, Werner von Siemens, auf der 59. Jahresversammlung der Naturforscher und Ärzte versichert, daß „unsere Forschungs- und Erfindungstätigkeit die Menschheit höheren Kulturstufen zuführt, sie veredelt und idealen Bestrebungen zugänglicher macht, daß das hereinbrechende naturwissenschaftliche Zeitalter ihre Lebensnot, ihr Siechtum mindern, den Lebensgenuß erhöhen, sie besser, glücklicher und mit ihrem Geschick zufriedener machen wird". Glänzende Illusionen!

Von ihrem Pathos lebte die im ersten Jahrzehnt des neuen Jahrhunderts sich etablierende Sexualwissenschaft. Als ihre Bibel sind nicht so sehr die ersten sexualwissenschaftlichen Schriften Sigmund Freuds, die „Drei Abhandlungen zur Sexualtheorie", anzusehen, die 1905 erschienen, sondern das sich selbst als Enzyklopädie bezeichnende dickleibige Werk des Arztes für Haut- und Geschlechtskrankheiten Ivan Bloch, mit dem ausladenden Titel „Das Sexualleben unserer Zeit in seinen Beziehungen zur modernen Kultur", das außer der modernen Kultur auch noch die gesamte Geschichte und die ganze Erdbevölkerung einbezog (1907).[3]

Eines der Hauptziele Blochs war die Widerlegung der

Entartungstheorie. Die Menschheitsgeschichte, so beteuerte er, habe nicht zu einer „gebrechlichen Verfeinerung, einer nervösen Überreizung der Völker" durch wachsende Bildung geführt, sondern zu einem kräftig fortentwickelten Körper und einem immer segensreicheren Aufschwung aller menschlichen Tätigkeiten. Schlimm war nicht eine drohende Sittenlosigkeit, sondern der herrschende „Konventionalismus", der alles Ursprüngliche der Liebe unterdrückte, ins Dunkel des eigenen Innern bannte und nur die konventionellen, sanktionierten Formen der Liebe gelten ließ. „Dieser Zwang, dieser äußere Druck entwickelt einen Vulkan von elementarer Sexualität, der meist schlummert, aber plötzlich ausbrechen und den Exzessen wildester Natur freien Raum geben kann."

Bedeutungsvoll wurden Blochs Werk und die vor allem von Magnus Hirschfeld fortgeführte Berliner sexualwissenschaftliche Schule durch ihre Fortentwicklung von Krafft-Ebings Psychopathia sexualis. Der neue Lehrsatz entzog die Perversionen der klinischen Beurteilung und dekretierte: „Die Psychopathia sexualis findet sich überall und zu allen Zeiten. Kultur, Zivilisation, Krankheiten, Degeneration spielen nur die Rolle von begünstigenden, modifizierenden, intensitätssteigernden Faktoren."[4]

Als allgemein menschlich war sie entschuldbar, wenn nicht geradezu legitimiert. Im ganzen war sexuelle Aufklärung ein dringendes Gebot der Stunde, „denn die richtige sexuelle Erziehung bildet die Grundlage für eine Veredelung und Sanierung des gesamten Geschlechtslebens". In einer Anmerkung hat Bloch Literatur zu diesem Thema zusammengestellt; sie umfaßt allein für die Jahre 1904 bis 1906 zwanzig Nummern.

Der Ernst des Predigers für eine gerechte Sache trägt ihn durch sämtliche dreiunddreißig Kapitel seines Opus. Er zitiert einen Nervenarzt, der Aufklärungsliteratur gerade für Mütter heranwachsender Töchter empfiehlt: „Schon allein diese Anwendung seiner Lehren wird Autor und Herausgeber für das Peinliche entschädigen, das immer darin liegt, ein Buch in die Welt zu senden, das schließlich auch einmal als pikante Lektüre angepriesen oder verbreitet werden kann, ein Schicksal, dem jedes die Erotik streifende Buch ausgesetzt ist, so ernsthaft auch seine Haltung und Tendenz sein mag."

Tatsächlich brachte die neue Wissenschaft bald als Seitenzweig die sogenannte „Sittengeschichte" hervor, die sich wissenschaftlich gab, aber offensichtlich bei Käufern und Kunden auf weniger edle Motive spekulierte. Auch die Herausgabe pornographischer Literatur ließ sich nun wissenschaftlich begründen. Bloch selbst hatte dabei kräftig mitgewirkt, vor allem durch seine Edition der „Hundertzwanzig Tage von Sodom" des Marquis de Sade, einer, wie Bloch meinte, noch umfassenderen Psychopathia sexualis, als es die des Wiener Psychiaters Krafft-Ebing war. Das Werk sei „ein ungeheuer wichtiges Kulturdokument", meinte Bloch, denn es liefere gegen alle Entartungstheorien den Beweis, daß „ganz kurz vor dem mächtigen Aufschwunge des französischen Volkes und den Heldenkämpfen der napoleonischen Epoche" die schlimmsten Perversionen im Umlauf gewesen seien.

Sigmund Freuds Entwicklung muß in diesen Zusammenhang gestellt werden. Er war zunächst ein Nervenarzt wie andere auch, durch seinen Studienaufenthalt in Paris, bei Charcot, mit der „Seelen"-Krankheit Hysterie und ihren sexuellen Implikationen vertraut, als Jude ohne Hoffnung auf eine ordentliche Professur, ohne Geld, umso dringender auf wissenschaftlichen Erfolg und einbringliche Praxis angewiesen. Nervenleidende Damen der guten Gesellschaft bildeten eine angenehme und zahlungskräftige Kundschaft; das Thema Sexualität sorgte für Sensation oder Skandal. Als Freud 1898 in der „Wiener klinischen Rundschau" seinen ersten größeren Aufsatz zum Thema „Die Sexualität in der Ätiologie der Neurosen" veröffentlichte, schrieb er an den Freund Hermann Fließ, der Artikel sei „ziemlich frech und wesentlich dazu bestimmt, ein Ärgernis zu geben, was ihm auch gelingen wird". Er nannte ihn einen „Gartenlaubenartikel", sozusagen schöngeistig also, und fügte hinzu: „Breuer wird sagen, ich hätte mir sehr geschadet."[5] Breuer war der Freund aus den Jahren seriöser Forschung im pathologischen Bereich; Hermann Fließ, der neue Freund und Depositär von Freuds täglicher Gedankenarbeit, hatte selbst eine reichlich abstruse, auf Zahlenkombinationen beruhende pansexualistische Theorie entwickelt und trug zum Themenwechsel in Freuds wissenschaftlicher Arbeit nachhaltig bei.

Freud war im Gegensatz zu den meisten seiner schreibenden Zeitgenossen, auch in der Literatur, ein kraftvoll und eindrücklich formulierender Autor, und so hat gleich der erste Satz seiner ersten Abhandlung zum Thema dogmatische Wucht: „Durch eingehende Untersuchungen bin ich in den letzten Jahren zur Erkenntnis gelangt, daß Momente aus dem Sexualleben die nächsten und praktisch bedeutsamsten Ursachen eines jeden Falles von neurotischer Erkrankung darstellen." Dieses „eines jeden" ist der eigentliche Donnerschlag. Mochte Freud später hin und wieder noch so abschwächen oder spezifizieren: Er blieb derjenige, der die Sexualität in den Rang einer allgemeinen Ursache für neurotische Leiden und für psychische Vorgänge und Entwicklungen erhoben hatte.

Auf seine Theorien im einzelnen einzugehen, besteht in unserem Zusammenhang kein Anlaß. Es interessiert uns nur das Zeitgeschichtliche: die Konventionen, gegen die er bewußt und skandalherausfordernd verstieß, und die Rechtfertigungen, die er dafür aufbaute. Da waren zunächst seine persönliche Korrektheit und Untadligkeit, sein mit wohlerzogenen Kindern ausgestattetes Eheleben, sein im ganzen eher altmodisches professorales Verhalten. Sodann das ärztliche Ethos, das jede Prüderie in dem Falle verbot, wo es Krankheitsursachen zu eruieren galt, und wenn wirklich *jede* Neurose sexuelle Ursachen hatte, dann mußte eben auch in *jedem* Falle auf der Couch bekannt werden wie nur je bei einem Beichtvater. Es war schließlich ein streng wissenschaftlicher Stil, der weit über das priesterliche Vokabular des Dr. Bloch hinausging. Ich gebe ein klassisches Beispiel aus der ersten Abhandlung von 1905: „Führen wir zwei Termini ein: heißen wir die Person, von der die geschlechtliche Anziehung ausgeht, das *Sexualobjekt,* die Handlung, nach welcher der Trieb drängt, das *Sexualziel,* so weist uns die wissenschaftlich gesichtete Erfahrung zahlreiche Abweichungen in bezug auf beide, Sexualobjekt und Sexualziel, nach, deren Verhältnis zur angenommenen Norm eingehende Untersuchung verlangt."

Obwohl es sich um das heikle Kapitel der Perversionen, der „sexuellen Abirrungen", wie Freud schreibt, handelt, bedient er sich einer Sprache, die etwa einer physikalischen Abhandlung über Abweichungen bei der Geschoßbahn oder im Planetenumlauf gemäß sein konnte. Freud ist in unserem Bereich wohl der einzige Autor, der aller Pikanterie entbehrt, aller Spekulation auf die Lüsternheit der Leser bewußt entgegenwirkt, obwohl er es an einer pedantischen Ausbreitung von Details nicht fehlen läßt. Manche Abschnitte, wie etwa der über das „Ludeln" (das Lutschen des Säuglings) tragen durchaus unfreiwillig komische Züge.

Gravitätisch also, mit mythischen Elementen versetzt, mit literarischen Deutungen angereichert, um das reizvolle Thema der Traumdeutung erweitert, trug Freud, nun am Ende doch wenigstens außerordentlicher Professor, seine Theorie vor, die in einem Punkt weit über alles Bisherige hinausging und sogar den Doktor Bloch zu der Aussage veranlaßte, da könne er Freud nicht folgen. Was Freud vortrug, war einerseits eine wirkliche Entdeckung (oder Aufdeckung eines verdrängten Tatbestandes): die Tatsache einer kindlichen Sexualität. Ungeheuerlich aber war für die Zeitgenossen die Folgerung, die er an die kindlichen Spiele knüpfte: Das Kind sei (oder werde leicht) polymorph pervers,[6] seine Sexualität sei noch nicht gerichtet, und die sogenannten Perversionen seien in diesem Alter nur der Ausdruck sexuellen Formenreichtums. Das überbot noch die Lehre von der allgemeinen Verbreitung der Perversionen. Es machte die Anormalität normal und ließ es nur von den Umständen abhängen, ob sich die Sexualität am Ende, wie von Freud empfohlen, „genital" festlegen werde, mit Ehe und Kinderkriegen, oder ob dieses wünschbare Ziel verfehlt würde.

Freuds Entdeckung beruhte auf einem terminologischen Manöver: Indem er das Allerweltswort „Lust" durch das sehr spezifische „libido" (= Begehren) ersetzte, rückten sehr prägnante kindliche Lustempfindungen wie das Saugen an der Mutterbrust oder auch das bloße Daumenlutschen, aber auch die lustvollen Körperspiele von Kleinkindern in das Herrschaftsgebiet der Sexualität ein, und was bis dahin so geheißen hatte, war nun nur ein Spezifikum des großen Urtriebes. Was Freud – außer einem nicht zu gering zu veranschlagenden wissenschaftlichen Ehrgeiz – dazu antrieb, war der bekannte Philosophendrang nach der einen Ur-Ursache – von Freud später „Eros" genannt –, bis er dann am Ende einen zweiten Urtrieb konzedierte, den Todestrieb, als mythische Gegenfigur zu Eros: Thanatos.

Zu den kindlichen Spielen traten die kindlichen Affekte und Emotionen, als Musterbeispiel die Eifersucht des Kindes auf den Vater, Ödipuskomplex genannt nach jenem Sagenhelden, der – zufällig – den Vater getötet und die Mutter – noch zufälliger – geheiratet hatte. So entstand die Grundlage für die Psychoanalyse: die Erforschung frühester kindlicher Erlebnisse sexueller Natur, deren Aufdeckung belastende Schuldkomplexe auflösen würde. Freud selbst lieferte mit seiner Selbstanalyse Materialien für diese Form der Katharsis oder Selbstreinigung. Oft ist die Wahl des Lateinischen ironisiert worden, wenn Freud erzählte, zwischen zwei und zweieinhalb Jahren sei seine *libido* erwacht, als er „matrem nudam" gesehen habe. Ein „häßliches, älteres, aber kluges Weib" habe ihm eine Elementarlehre *in sexualibus* verpaßt.[7] Sicher hat Freud selbst fest an diese neue Fassung der Erbschuld, ihre Umwandlung in Frühschuld, geglaubt. Trotzdem ist der apologetische Charakter seiner „Beicht-Reform" kaum zu verkennen. Was da im Dickicht der Frühkindlichkeit passiert war, konnte eben *nicht* als Schuld berechnet werden. Aufgeklärt über das dunkle Geschehen, war der Patient auch schon aller Sünde frei.

Bezüglich der Folgerungen, die aus der ursprünglich „polymorph perversen" Anlage oder Neigung des Menschen zu ziehen seien, hat Freud wenig nachgedacht. Er war kein Fortschrittsgläubiger oder Anhänger sexueller Emanzipation, sondern kam, zeitgemäß ungläubig, eher aus der Schule des deutschen Idealismus und blieb ihr in Meinungen und Lebensführung treu.

In der Abhandlung „Über die allgemeinste Erniedrigung des Liebeslebens" (= Beiträge zur Psychologie des Liebeslebens II) von 1910 äußert sich einerseits Skepsis, bis zur Befürchtung „eines Erlöschens des Menschengeschlechts infolge seiner Kulturentwicklung". Er schreibt den krassen Satz nieder: „Die Genitalien selbst haben die Entwicklung der menschlichen Körperformen zur Schönheit nicht mitgemacht, sie sind tierisch geblieben, und so ist auch die Liebe im Grunde heute ebenso animalisch, wie sie es von jeher war." Folge daraus: „Die Liebestriebe sind schwer erziehbar, ihre Erziehung gibt bald zu viel, bald zu wenig." Es wird eine Art Rechnung aufgemacht, die dann der Lehre von der Sublimierung der Triebkomponenten in der Kultur zugute kommt: „Das was die Kultur aus ihnen (den Trieben) machen will, scheint ohne fühlbare Einbuße an Lust nicht erreichbar, die Fortdauer der unverwerteten Regungen gibt sich bei der Sexualtätigkeit als Unbefriedigung zu erkennen."

Der mathematisch-physikalische Unterton dieser Rechnung über Einbuße und Unverwertbares ist unverkennbar. Auf der anderen Seite ist das Moralverhalten als Faktor nicht aus dem Wege zu räumen. Zwar wird die Homosexualität als „Inversion" von ihrem bösen „Per-" befreit, aber in der Abhandlung über die sexuellen Abirrungen kommt Freud doch nicht umhin, gewisse Abirrungen für „krankhaft" zu erklären, „insbesondere jene, in denen der Sexualtrieb in der Überwindung der Widerstände (Scham, Ekel, Grauen, Schmerz) erstaunliche Leistungen vollführt (Kotlecken, Leichenmißbrauch)". Und nun folgt ein Passus, der sowohl Freuds Verwurzelung in der Welt der Klassik wie die purzelbaumartigen Denkfolgerungen seiner Theorie am Beispiel der „seelischen Beteiligung bei Perversionen" verdeutlicht: „Vielleicht gerade bei den abscheulichsten Perversionen muß man die ausgiebigste psychische Beteiligung zur Umwandlung des Sexualtriebes anerkennen. Es ist hier ein Stück seelischer Arbeit geleistet, dem man trotz seines greulichen Erfolges den Wert einer Idealisierung des Triebes nicht absprechen kann. Die Allgewalt der Liebe zeigt sich vielleicht nirgends stärker als in diesen Verirrungen. Das Höchste und das Niedrigste hängen in der Sexualität überall am innigsten aneinander (‚vom Himmel durch die Welt zur Hölle')."[8]

Sieht man, wie Freud, die Triebe als physikalische Kräfte, so bedarf tatsächlich die abartigste Perversion der größten

Arbeitsleistung und verdient dafür den größten Respekt. Vom Idealismus Goethes oder Kants her gesehen sind die Sätze Freuds selbst Abirrungen vom gesunden Menschenverstand oder wenigstens voll von jener Komik, die professoraler Theoriebesessenheit manchmal innewohnt.

Die Jünger lösten das Dilemma des Meisters auf, indem sie wie Jung zur idealistischen Interpretation oder wie Groß, Reik und Reich zum Pansexualismus übergingen oder schließlich wie Adler ganz neue Faktoren ins Gesamtbild einführten. Davon wird noch die Rede sein.

Drittes Kapitel:

Lichtleib und Lichtkleid

Die Totalverhüllung des weiblichen Leibes, wie sie die viktorianische Epoche unnachsichtlich betrieben hatte, schrie nach Reformen, nach Lockerung, nach freieren Moden. Solche Wechsel haben sich ja in der europäischen Kulturgeschichte immer wieder nach dem Gesetz des Wandels und der Abwechslung vollzogen. Auch vieles andere war zu reformieren oder verlangte nach Gegengewichten, von der klinischen Medizin bis zur Stubenhockerei, von der Verstädterung bis zur schweren Ernährung, von den dicken Zigarren bis zum dickmachenden Bier. Dem half die Naturheilkunde ab, und wenn der Pfarrer aus Wörishofen dem Arzt Konkurrenz machte, so trat auch da zugleich das Land mit Licht, Luft und frischem Wasser gegen die städtische „Verzärtelung" an. Auch die *Lebensreform* (der Ausdruck kam in den neunziger Jahren auf) bekämpfte „Unnatürliches", wozu das Korsett ebenso gehören konnte wie der Fleischgenuß oder der Alkohol, und selbst die sektiererhafte Zuspitzung solcher Appelle hat es zu allen Zeiten gegeben.

Das Neue und Epochemachende im letzten Viertel des Jahrhunderts war der religiöse Aufbruchseifer, mit dem die Abkehr von den Vätern und die Hinwendung zu neuen Glaubensidealen betrieben wurden. Eben darum stieg der „Zarathustra" zu einem neuen Buch der Bücher auf, aber auch Zola, der Reformprediger auf der anderen Seite des Rheins, wagte sich an einen Romanzyklus, der sich weithinhallend „Les quatre évangiles" überschrieb. Zolas Evangelien hießen „Fruchtbarkeit", „Arbeit", „Wahrheit" und „Gerechtigkeit". Nietzsche predigte die neue Leibesreligion und schrieb als

Ahnung nieder: „Es handelt sich vielleicht bei der ganzen Entwicklung des Geistes um den Leib: es ist die *fühlbar* werdende *Geschichte* davon, daß ein *höherer Leib sich bildet.*"[1] Der Übermensch sollte nichts anderes sein als dieser höhere Leib.

So läßt sich der Wandel zu freierer Kleidung und großzügigeren Badesitten auf der einen Seite durchaus als Normalvorgang verstehen; schließlich hatten die Menschen bis zur Höhe des hochbürgerlichen 19. Jahrhunderts immer nackt, wenn auch möglichst unbeobachtet vom anderen Geschlecht, gebadet, und erst jener neue Licht-und-Luft-Drang zur Natur ließ einerseits die Badeanstalten am Meer, an Seen und an Flüssen entstehen und andererseits die zu ihrer Zeit zunächst als äußerst komisch empfundenen Badekleider und Badeanzüge, die sich zwischen den bleichen und lufthungrigen Körper und die erwünschte Berührung mit den Elementen schoben. Die Schrumpfung dieser opulenten Gewänder bis zu den heutigen Schamtüchlein lag sozusagen in der Natur der Sache.

Unabhängig davon entstand seit den siebziger Jahren als etwas Neues in der Menschheitsgeschichte die Nackt- oder Freikörperkultur-Bewegung, anderswo auch Naturismus genannt, als Teil der Lebensreformbestrebungen und mit jener religiösen Inbrunst ausgestattet, die auch die Jünger der Woll- und der Leinwandbewegung beseelte. Was sie von Anfang an kennzeichnete, war ein sich hochreckender idealer Anspruch, ein Heiligkeitsgetue, das sich als Sieg über Dunkelmänner und Dunkelmächte, über Mucker und Duckmäuser, Heuchler und Scheinheilige empfand und dabei selbst in solche Nähe rückte. Wer nackt ging, enthüllte einen Lichtleib und kleidete sich, falls die Sonne schien, in ein Lichtkleid. Ideale Schönheit war selbstverständlich und wurde fotografiert, im Licht-Bild vorgeführt, zur Erbauung, nicht etwa, so wurde feierlich verkündet, zu lüsternem Ergötzen. So wie die Psychoanalyse als Reformbewegung Sünde abschaffte und Schuld verlagerte, so schaffte die Nacktkulturbewegung Lüsternheit und Triebbefriedigung zugunsten von Lichtgebet und kosmischem Entzücken ab. Darum ihr Anspruch, der es bei „nackt" und „frei" nicht bewenden ließ, sondern „Kultur" zu spenden versprach.

Es lohnt sich, einen Blick zurück auf die Stifterfiguren der Bewegung zu werfen, die heute sämtlich vergessen sind, aber in ihrer Gesamtheit auf fast komische Weise das Zeitpanorama fortschrittlicher Leibesemanzipation illustrieren. Da war etwa ein gewisser Heinrich Pudor, 1865 in Dresden-Loschwitz geboren, mit einem sprechenden lateinischen Namen, den er im späteren Lauf seines Lebens in die „Lichtgestalt Heinrich Scham" übersetzte.[2] Pudor hatte zuerst Wagner gelesen und die jüdischen Lehrer aus dem vom Vater geerbten Konservatorium entfernt. Dann ging er zu Lagardes „Deutschen Schriften", zu Nietzsche und Langbehn über und betrieb zusammen mit seiner Frau Nacktbaden, Wintersport und Kleidungsreform. Er war gegen Impfen und für Vegetarismus und pflegte neben seiner Villa eine große Pfirsichplantage. Fleißig pflegte er die Schriftstellerei, etwa mit der Schrift „Muttermilch, Offenbarungen der Natur"; er gab eine „Illustrierte Monatsschrift für die wirtschaftlichen, sozialen, geistigen und künstlerischen Interessen der Familie" heraus und ging nach England, um das Malen zu lernen. In der Broschüre „Nackende Menschen" malte er sein Körperideal: „Goldenes Haar, blaue Augen, rote Lippen, weiße Zähne und ein sammet-rotbrauner Leib, das ist die Farbenskala des Körpers der zukünftigen Menschen in Europa." Die Liebesumarmung sah er als „Jauchzen der Zukunft", das Aufstehen aus dem Moorbad als Auferstehung, der Heilprozeß wurde durch Vergleiche mit Begatten, Zeugen und Nähren erläutert. Als „Vorkämpfer des Deutschtums und des Antisemitismus" starb er 1941, einer der vielen närrischen Vorläufer des Dritten Reiches, von diesem kaum beachtet.

Viel ungesitteter, weil weder Geld da war noch Villa, ging es bei dem Münchner Maler Diefenbach zu, dem eine Jugendkrankheit einen steifen Arm hinterlassen hatte, so daß er nicht mehr den Pinsel führen, sondern nur noch mit dem Spachtel arbeiten konnte.[3] Diefenbach hatte sich nach 1870 in einer Isarschlucht in einem verlassenen Holzhaus niedergelassen und machte durch ungenierte Sonnenbäder mit seinem Knäblein Helios und seinem Schüler Hugo Höppner, den er Fidus, den Getreuen, nannte, auf sich aufmerksam. Er zog sich deshalb eine Anklage zu und wurde durch das Königlich-Bayerische Landgericht München im Jahre 1888 zu sechs Wochen Haft verurteilt, während Fidus mit drei Wochen davonkam. Im Urteil war zu lesen: „Wenn dieselben vorbringen, daß sie das Naktgehen im Interesse der Gesundheit thun, so fragt es sich zunächst dennoch, ob zu diesem Behufe gerade auch die Geschlechtsteile nackt sein müssen und ein Verhüllen derselben Schaden bringen würde ..."

Diefenbach hielt sich selber für einen neuen Christus, der braune Indianerknabe Fidus war sein Johannes, ging aber dann treulos genug zu dem Theosophen Hübbe-Schleiden über, der in den hübschen Burschen vernarrt war und ihm weiterhalf, bis er auf eigenen Füßen stand und unter dem Namen Fidus der erfolgreichste Zeichner und Maler jener männlichen und weiblichen Lichtgestalten wurde, die von der anschwellenden Reformbewegung für tausend Zwecke vom Plakat bis zum Kalenderblatt gesucht wurden.

Auch Fidus wurde bald ein schwärmerischer Nietzsche-Leser, was ihn nicht hinderte, sich von der sozialdemokratischen „Münchner Neuen Post" fördern zu lassen und den „Vorwärts" zur Maifeier 1905 mit einem Frontispiz zu schmücken, auf dem sich die üblichen lichtumflossenen edlen Nacktgestalten tummelten. In Weimar fand im gleichen Jahr ein Tempelkunstabend statt, bei dem das „sichtbare Gesamtkunstwerk bei Fidus als Erweiterung des Bayreuther Gedankens" vorgestellt wurde. Schon lange vorher hatte er in einer Zeitschrift sein Credo formuliert: „Mein Ideal der bildenden Kunst ist der Tempel des neuen Glaubens, die Stätte, wo die Kunst in ihrer Gesamtheit dem Volke zugänglich wird. Das wäre ein ‚Gesamtkunstwerk' neben dem Wagnerschen Festspielhause ... Nur die Kunst ist groß, die dem Volke ... Antwort gibt auf seine heiligsten und geheimsten und deshalb allgemeinsten Fragen."

Mit solchem Pathos zog die keusche Nacktheit in das neue Jahrhundert ein. In den Jahren 1902/03 bereiste Isadora Duncan, die berühmte amerikanische Tänzerin, Deutschland, und Fidus notierte in Berlin: „Es war taktvoll und bezeichnend für ihren sittlichen Ernst, daß sie gerade ihren ersten Tanz in der größten Nacktheit tanzte, und nicht, wie üblich und auch noch in Trikot, durch allmähliche Entkleidung die Neugier, ja Lüsternheit zu reizen." – „Griechisch" war der neue Stil, in griechische Gewänder gekleidet trat Isadora auf, dem Ideal des Griechischen strebte die Zeitschrift „Die Schönheit" nach, die der Schriftsteller Karl Vanselow seit 1903 herausgab.[4] In Werder an der Havel legte Vanselow den Garten der Schönheit an, eine prachtvolle Anlage im Stil der Zeit, wo viele der in der „Schönheit" publizierten Aktaufnahmen entstanden. Die zugehörige Vereinigung „Schönheit" zeigte auf ihrem ersten Schönheitsabend in Berlin im Februar 1908 Fidus-Lichtbilder und Schönheitstänze. In zwei Musterprozessen vor dem Reichsgericht in Leipzig wurde die Darstellung des nackten Menschen zum Zweck der Werbung für Freikörperkultur als nicht strafbar erklärt. So entstand eine neue Art von Voyeurismus, die sich im Laden bei den Kunstbüchern oder durch Verlagsversand ordentlich bedienen lassen konnte, und damit auch ein neuer florierender Geschäftszweig, dessen weitere und vulgärere Entwicklungen bis hin zur Peepshow hier nicht darzustellen sind.

Zu den sich nun im Grünen, wohlabgeschirmt, tummelnden Lichtgestalten gehörte freilich auch eine neue Abart der Prüderie. Wie es eine kritische Darstellung ausdrückt: „Man wollte beides: der Lichtschwester beim Turnen oder Baden zuschauen und dennoch nicht als Lüstling gelten müssen." Das Nacktbaden war auf seine Art honorig, und es konnte hocherhobenen Hauptes sich dazu bekennen, wer entweder als Fortschrittler bis zum Sozialisten und Anarchisten hin der kirchlichen und bürgerlichen Bevormundung entronnen war oder wer als Erneuerer von Arier- und Germanentum ohnehin das Ursprüngliche und Urtümliche zur Richtschnur erhob. Die Extreme berührten sich, hier wie anderswo.

Im engeren Kreise wurden die Heiligkeit und das – theosophisch inspirierte – Lichtwesen freilich auf sehr weitherzige Weise ausgelegt. Die „Kurze Lebenserzählung", die Fidus zum Glück eher ausführlich und redselig verfaßt hat, gibt dafür zahlreiche Beispiele.[5] Etwa von dem Besuch der medial begabten Maria: „Als sie zum 2. Male bei uns weilte und dazu die Nächte blieb, ließ sie, gerade im Lichtzustande, Zärtlichkeiten an mir aus, was sie im Wachen nicht tat. Es war ein seltsames Übergleiten von geistiger zu seelischer, ja leiblicher Annäherung, was wohl bei verschiedenem Geschlecht natürlich und unvermeidlich ist, für mich auch gegenseitig." Die „leibseelische Weibnähe" war für Fidus außerordentlich wichtig, er machte eine neue Sexualtheorie, die Karezza-Theorie, daraus, und ließ sich keine Gelegenheit entgehen, sie vor allem bei jungen Mädchen auszuprobieren. Es konnte freilich auch geschehen, daß Elsbet, „nur mit einem rosenrot durchblümten Tüllschleier bekleidet", zu ihm ins Schlafzimmer stieg, nur um ihm einen Lorbeerkranz aufs Haupt zu setzen, oder daß ihm die „holde Blondine Erdmuthe Vogel" zwar die Huld gewährte, „ihre junge Schönheit für mein Bild ‚Der Pilger' als Aktmodell zu leihen", aber seinem weitergehenden Verführungsversuch „edlen Widerstand" leistete. Aber im ganzen durfte der inzwischen vollbärtige und weiterhin langmähnige Maler-Prophet zufrieden sein. Über seine weiblichen Beziehungen buchführend, notierte er zum Beispiel einmal: „Ich habe den Zärtlichkeiten Elfriedes gegenüber gelassene, zu Fr. Elsas und Jadwigas Zartheit eine wachsende Zärtlichkeit."

In seinen letzten Lebensjahren suchte Fidus den Anschluß an das Dritte Reich. An seinem 72. Geburtstag sprach er über „Volkhafte Großkunst aus nordischem Geiste" und unterschied dabei zwischen „Stimmungskunst (für den Hausgebrauch), Gesinnungskunst (für Volksgelegenheiten und Denkmäler) und Weihekunst (für kommende arteigene Tempelkultur)". Sein Kohledruck „Das Haupt des Führers" wurde zur Veröffentlichung nicht freigegeben, aber zum 75. Geburtstag, 1943, erhielt der alte Meister der nackten Lichtgestalten wenigstens den Professor h. c.

Inzwischen sind viele Strände mit nackten Menschen bevölkert, und an jedem Kiosk kann man eine Auswahl ihrer Konterfeis kaufen, Männlein, Weiblein, Kinderlein in neckischem Spiel. Noch immer schwebt ein letzter Hauch vom Mythos edlen Griechentums über einer Praxis, die das Massenphänomen entkleideter Körper immer gleichgültiger zur Kenntnis nimmt.

Niemand hat das besser vorausgesehen als Nietzsche, der im „Zarathustra" die Schwärmerbibel für die neue Leibesreligion lieferte, aber in seinen Aphorismen auch die nötigen Ernüchterungen dazu. Im fünften Buch der „Fröhlichen Wissenschaft" notiert er: „Der nackte Mensch ist im allgemeinen ein schändlicher Anblick – ich rede von uns Europäern (und nicht einmal von den Europäerinnen!). Angenommen, die froheste Tischgesellschaft sähe sich plötzlich durch die Tücke eines Zauberers enthüllt und ausgekleidet, ich glaube, daß nicht nur der Frohsinn dahin und der stärkste Appetit entmutigt wäre – es scheint, wir Europäer können jeder Maskerade durchaus nicht entbehren, die Kleidung heißt." Und er fährt fort: „Sollte aber die Verkleidung des ‚moralischen Menschen', ihre Verhüllung unter moralischen Formeln und Anstandsbegriffe, das ganze wohlwollende Verstecken unserer Handlungen unter die Begriffe Pflicht, Tugend, Gemeinsinn, Ehrenhaftigkeit, Selbstverleugnung nicht seine ebenso guten Gründe haben?"

Eine bemerkenswerte Hypothese. Gewiß, sie ist auf den Europäer beschränkt, der „beinahe eine Mißgeburt, etwas Halbes, Schwaches, Linkisches ist"; das Raubtier braucht keine moralische Verkleidung. Aber von der Hoffnung auf das Raubtier sind wir inzwischen ebenso geheilt wie von der auf den Übermenschen, und trotz aller „sammet-rotbraunen Haut", die nun mit Hilfe von Sonne und Solarium in Serie hergestellt wird, sind wir den Lichtgestalten aus den Träumen der Lebensreformer keinen Zentimeter nähergerückt.

Viertes Kapitel:

Psycho-Boheme

Die Boheme ist viel älter als der Name, den sich das „Künstlervölkchen" um 1830 gab: Gruppen am Rand der Gesellschaft, wenig seßhaft, daher Bohemiens, „Zigeuner", oft in Not und sich durch Liebe und Liaisons darüber wegtröstend. So waren im 18. Jahrhundert die Schauspielertruppen, so lebten im 19. die Künstler des Montmartre und die Literaten des Quartier Latin leichtsinnig und auf Pump, sentimental und frivol. Henri Murger hat zuerst ein Theaterstück, dann einen Roman daraus gemacht, und schließlich steigerte Puccini das schwindsüchtige Liebchen Mimi zur Heldin einer großen Oper. Die Boheme hatte keine Theorie. Das änderte sich in den letzten Jahrzehnten des 19. und im ersten Jahrzehnt des 20. Jahrhunderts. Vielerlei Lehren und Lebensmodelle liefen um, und was bei den alten Bohemiens Not gewesen war, das „Verhältnis" statt der bürgerlichen Ehe, wurde nun zur Tugend erhoben, als „freie Liebe".

Im – in diesem Punkte sehr wenig aufrührerischen – „Zarathustra" wird wenigstens die Probeehe empfohlen: „Gebt uns eine Frist und kleine Ehe, daß wir zusehn, ob wir zur großen Ehe taugen!" heißt es im dritten Teil. Vor allem aber wird ein gewaltiges Ideal aufgestellt, das von der bürgerlichen Normalehe kaum erfüllt werden kann. „Ehe", so Zarathustra in seinen „Reden", „Ehe: so heiße ich den Willen zu zweien das Eine zu schaffen, das mehr ist, als die es schufen."

Gänzlich unnietzscheanisch war freilich die seit Ibsens „Nora oder Ein Puppenheim" einsetzende Emanzipationsbewegung der Frauen, die gegen die „Ehelüge" protestierten und allen Konventionen zum Trotz Selbstverwirklichung in der

Wahl des Partners und freie Mutterschaft verkündeten. Hauptmanns Dramen, vor allem „Das Friedensfest" von 1890, halfen mit. Ohne solche Voraussetzungen ist der Ausbruch junger Mädchen aus „guten", gar adligen Familien, wie der Franziska Gräfin zu Reventlow aus dem hochanständigen Schleswig-Holstein oder der Schwestern Else und Frieda von Richthofen aus einer preußischen Offiziersfamilie in Metz, nicht zu denken. Auch Lou von Salomé, die Nietzsche gern als Jüngerin gewonnen und zur Probeehe überredet hätte, ist eine solche Aussteigerin, und es ist ganz folgerichtig, wenn sie zuerst in „freier Liebe" dem jungen Dichter Rilke verbunden war und dann Schülerin und Helferin Sigmund Freuds wurde.

Auch die neue Boheme, die sich so um 1900 bildet, hat eine Tradition und hat ihr Montmartre, das Künstlerdorf Schwabing, gleich hinter dem Münchner Siegestor.[1] 1892 setzen sich die „Modernen" als „Secession" von den akademischen Künstlern und dem Lenbach-Establishment ab; es bilden sich freie Malschulen, aus denen eines Tages die Maler Kandinsky, Klee, Nolde hervorgehen werden; vor allem, es gibt die berühmt-berüchtigten Schwabinger Künstlerfeste, Orgien der Ausgelassenheit, so flüstert man.

1896 gründet Georg Hirth in München die Zeitschrift „Jugend". Er beginnt gleich mit einem Preisausschreiben und nennt die Themen: „Frühling, Liebe, Brautzeit, Mutterglück, Spiel, Mummenschanz, Sport, Schönheit, Poesie, Musik." Die Worte klingen harmlos, aber „Ehe" und „Familie" waren ausgespart. „Jugend? Das Wort war ein Programm!" schrieb einer der ersten Mitarbeiter. „Mehr als das! Fanfare! Brauchte nur gerufen, gemalt, gedichtet, gelebt zu werden! Enthielt Freude und Fronde, Anmut und Keckheit, Hoffnung und Erfüllung!"[2] Und Albert Langen, der im gleichen Jahr den „Simplicissmus" gründete, klärte auf, wo die wahre Sittlichkeit zu finden sei: „Unsittlich ist der aber nicht, der mit bitterem Lachen die sittliche Erbärmlichkeit aufdeckt, in der unsere Gesellschaft versinkt. Unsittlich ist der nicht, der mit Künstlerhand Schlaglichter in jene Tiefen des sozialen Lebens wirft, in denen absterbende Vorurteile, zerbröckelnde Grundsätze, der Kultus des goldenen Kalbes, die lähmende Macht des Elends die gesunde Leidenschaft in ein entartetes Zerrbild verwandeln. Unsittlich ist der nicht, der einem entmannten Geschlecht das ewige, heilige Recht der wahren Leidenschaft verkündet ..."[3]

Das Novum dieser Boheme: Sie will nicht Duldung, Auskommen für das Künstlervölkchen und seine Sondersitte, sondern sie tritt für ein höheres Recht ein, als es das der bürgerlichen Gesellschaft ist, sie zeigt den Weg in die Zukunft, sie verkündet eine neue Ethik. In eben dem Jahr 1905, in dem der bürgerlich-vorsichtige Sigmund Freud sich mit den „Drei Abhandlungen zur Sexualtheorie" vorwagt, gründet Karl Vanselow, der Bahnbrecher der Schönheitstänze, in Berlin die „Vereinigung für Sexualreform" mit den Zeitschriften „Geschlecht und Gesellschaft" und „Sexualreform". In Schwabing tagt seit etwa 1900 die „Kosmische Runde" mit ihrem Blut- und Lebenskult. Aus dem ideenqualmenden Schwabing wird „Wahnmoching", und Franziska zu Reventlow läßt in ihrem Roman „Herrn Dames Aufzeichnungen" einen der Wahnmochinger sagen: „Wahnmoching ... geht weit über den Rahmen eines Stadtteils hinaus, Wahnmoching ist eine geistige Bewegung, ein Niveau, eine Richtung, ein Protest, ein neuer Kult oder vielmehr der Versuch, aus uralten Kulturen wieder neue religiöse Möglichkeiten zu gewinnen." [4]

Der, für den das vor allem zutraf, war ein früher Schüler Sigmund Freuds und im ersten Jahrzehnt des Jahrhunderts, bis zum Amsterdamer Kongreß 1908, vom Meister wegen seines Genies geschätzt. Otto Groß[5] war als Sohn des heute so gut wie vergessenen Strafrechtlers Hans Groß in Graz geboren, in eben der Universitätsstadt, wo der Baron von Krafft-Ebing vor seiner Berufung nach Wien gelehrt hatte. Der „Aufstand gegen den Vater" war sein erster Lebensantrieb; gegen die übermächtige Vaterfigur entwickelte er seine Theorie eines lebensträchtigen Matriarchats, und in Schwabing, wo er Assistent des berühmten Psychiaters Kräpelin war, brütete er die Idee aus, die Welt werde erst gesund, wenn sie sich vom Judenchristentum ab- und dem Kult der babylonischen Astarte, einer schrankenlosen Geschlechtlichkeit also, zuwende. Er war selbst ein tüchtiger Praktikant dieses Kultes und unterhielt gleichzeitig Bindungen zu den beiden Schwestern Else und Frieda von Richthofen, von denen die eine, Else, einen Sohn von ihm bekam, während er gleichzeitig seine Frau, Frieda Groß, ermunterte, von seinem Anhänger Frick ein Kind zu bekommen. Frieda von Richthofen wiederum war mit dem englischen Lehrer Weekley verheiratet, und als sie Weekley verließ, um den jungen Autor D. H. Lawrence zu heiraten, nahm sie Groß' Erotik-Theorie in die neue Ehe mit, wo sie kräftig weiterwucherte bis zu ihrem Höhepunkt, dem Roman „Lady Chatterley's Lover".

Zu den Stationen in Otto Groß' skandalträchtigem Lebenslauf gehört der Monte Verità bei Ascona,[6] wo er in einer Scheune mit seinen Anhängern und Anhängerinnen haarsträubende Orgien gefeiert haben soll, aber auch die Zürcher Irrenanstalt Burghölzli, wo C. G. Jung, der zweite Lieblingsschüler Freuds, Groß vom Morphium entwöhnte und den Ehrgeiz entwickelte, bei Groß als erstem einen Fall von Schizophrenie zu heilen. „Eines schönen Tages jedoch", so berichtet Freuds Biograph Ernest Jones, „entkam Groß über die Anstaltsmauer und sandte Jung am nächsten Morgen ein Schreiben mit der Bitte um Geld für seine Hotelrechnung."[7] Im Ersten Weltkrieg, so Jones, schloß sich Groß einem ungarischen Regiment an; bei Kriegsende warf er sich jedenfalls auf die kommunistische Seite und forderte bei einer revolutionären Versammlung in Wien 1918 ein Staatsministerium mit der Aufgabe, die bürgerliche Familie abzuschaffen und die freie Sexualität einzuführen. Er half bei Dada mit, war mit Kafka bekannt und schleuste in die expressionistische Bewegung das dann unermüdlich abgehandelte Thema des Vaterhasses ein.

Er war ein Draufgänger. Jung war vorsichtiger. Im Februar 1909 schrieb er an Freud: „Wir täten gut, nicht gleich mit der Sexualtheorie herauszuplatzen. Im Zusammenhang damit habe ich allerlei Ideen, besonders hinsichtlich der ethischen Aspekte der Frage. Ich glaube, wenn man gewisse Dinge in aller Öffentlichkeit verkündet, untergräbt man die Zivilisation und damit den Antrieb zur Sublimierung ... Eine extreme Haltung, wie sie Groß vertritt, ist entschieden falsch und für die ganze Bewegung gefährlich."[8]

Groß war tatsächlich ein Radikaler. 1908 war er an dem Skandal um die geisteskranke Tochter eines Münchner Bildhauers beteiligt, die er auf eigene Faust behandelte. 1911 beging seine Geliebte, Sophie Benz, Selbstmord, und es hieß, er habe ihr das Gift dazu gegeben. Aber um das Bild dieses Sexualrevolutionärs zu vervollständigen, müssen auch seine schwärmerischen Briefe herangezogen werden. Das Sexuelle löst sich da in lauter Metaphern auf, und die neue sexuelle Freiheit ist gleichzeitig Reinheit und Befreiung vom Jahrtausendschmutz. So schreibt er an Frieda von Richthofen: „Ich weiß nun, wie die Menschen beschaffen sein werden, die nicht mehr befleckt sind von all den Dingen, die ich hasse und bekämpfe – ich weiß es durch Dich, den einzigen Menschen, der unbeeinflußt geblieben ist von der Keuschheit als moralischem Kodex und vom Christentum und von der Demokratie und all diesem Unsinn ... Wie ist Dir dieses Wunder gelungen, Du goldenes Kind – wie ist es Dir gelungen, den Fluch und Schmutz zweier düsterer Jahrtausende von Deiner Seele fernzuhalten mit Deinem Lachen und Deiner Liebe?" Und an Else: „Du namenlos Geliebte Du! ... ich sah und fühlte Dich – den Zauber der feinen Nuancen und diese neue Klarheit, die schöne Sicherheit, die neu dazukommt – so rein und treu war Deine Stimme gestern und in ihr war ein Vibrieren aus neuerschlossenen Tiefen ... das ist mein leitendes Ideal: die große seelische Elementarkraft, die Erotik muß wie das Wasser sein – segnend, befruchtend, geliebt, beherrscht – und das ist mein leitendes Wissen: wer die Erotik vergewaltigen will, den vergewaltigt die Erotik."[9] Eine gewaltige Suggestionskraft muß von ihm ausgegangen sein. Marianne Weber, Max Webers fast so berühmte Frau, schrieb über das Liebespaar Groß-Else von Richthofen, man vermöge sich von ihnen nicht empört abzuwenden, „die beteiligten Menschen sind zu adligen Wesens und zu liebenswert".[10]

Nur von Otto Groß' Einwirkung auf Frieda von Richthofen her läßt sich jenes zweite Kapitel der Psycho-Boheme verstehen, das „Mystik" oder „Mythos der Geschlechtlichkeit" überschrieben werden kann und dessen erster Held D. H. (David Herbert) Lawrence ist. Was zuerst nur aussah wie eine banale Ehebruchsgeschichte nach dem Nora-Modell – temperamentvolle Ehefrau läßt langweilig professoralen Mann und drei Kinder im Stich, zugunsten eines aus dem Volk aufgestiegenen jungen Dichters –, wurde in dieser besonderen Konstellation so etwas wie der Gründungsakt eines neuen Glaubens. Die anstößigen, unzüchtigen Bücher, die Lawrence schrieb, waren in diesem Sinn Konfessionen, Predigten, Offenbarungen, etwa so wie die – sehr viel sanfteren, aber ebenso gemeinten – Schriften Hermann Hesses, und die Anzeigen wegen Obszönität, die ihn trafen (und in seiner Existenz bedrohten), sah er folgerichtig als die Verfolgungen, denen ein Märtyrer ausgesetzt ist. Folgerichtig auch reiste er durch die Welt, um im Ausland unangefochten zu sein, und dachte an die Gründung einer Künstlerkolonie in Mexiko.

Schon im Vorwort zu „Söhne und Liebhaber" (1913) klingen die neuen Ziele aus Groß' Ideengepäck in einer matriarchalischen Umdeutung des Johannisevangeliums an: „So nehmen wir den Samen für den Ausgangspunkt in diesem Zyklus. Das Weib ist das *Fleisch.* Sie erzeugt alles andere Fleisch, auch die Zwischenstücke namens Mann ... So aber gibt es den *Vater,* den wir *Mutter* nennen sollten – und dann den Sohn, der der *Wortesprecher* ist ... Und *Gottvater,* den *Unerforschlichen,* den *Unkennbaren,* kennen wir im *Fleische,* im *Weib.* Das *Weib* ist das Tor unseres Hineingehens und Herauskommens. Im *Weibe* kehren wir zurück zum *Vater* ..."[11]

Die Umdeutung des christlichen Heilsgeschehens war für Lawrence so etwas wie seine fixe Idee. Ein aus einem Ei schlüpfendes Hähnchen regte ihn zu der Erzählung „Der entwichene Hahn – eine Auferstehungsgeschichte" an. Über „Lady Chatterleys Liebhaber" schrieb er an Else von Richthofen, sie werde sein Buch „satanisch" finden, während er selbst glaube, daß Luzifer nun heller leuchte als der trüb gewordene Michael oder der armselige Gabriel. „Ja, ich bin ganz und gar für Luzifer, denn er ist der echte *Morgenstern* ... Ich stimme insofern mit Dir überein, als ich auf der Seite des Antichrist stehe."

Der Roman „Lady Chatterleys Liebhaber" selbst ist in seinen drei Fassungen Lawrences Neues Testament, und die dort gebrauchten schlimmen Vier-Buchstaben-Wörter, auf die sich die Verurteilung des Buches stützte, sind als Heils- und Kultworte einer neuen Religion zu verstehen.[12] Die Liebesszene mit dem Wildhüter, dem wahren Mann, beginnt mit der Beobachtung ausgeschlüpfter Fasanenküken; ihrer Liebkosung des kleinen Lebewesens entspricht genau, sozusagen sakramental, seine Liebkosung ihres Körpers.

Ihr Mann hingegen, Lord Clifford, verkörpert im wörtlichsten Sinne die sterile Intellektualität, die identisch mit Impotenz ist. Er liest Proust. „Es kam nicht oft vor, daß er ernstlich las, aber wenn, dann waren es ultramoderne, sogenannte futuristische Schriftsteller, die sich um Joyce oder Proust gruppierten." Constance hingegen, des Wildhüters liebende Connie, „brachte nur mäßiges Interesse für die gescheiten Kunstgriffe von Matisse, oder in der Musik, Strawinsky, auf. Es waren amüsante Tricks – aber doch immer Tricks." [13]

Clifford selbst nennt sich einen künstlerischen Anarchisten, während Constance für ihn die Evangelistin ist, und Connie wirft ihm vor: „Eigentlich gibt es so etwas wie Anarchie gar nicht. Aus reinem Trotz reißt du der Rose die Blütenblätter aus und arrangierst sie geschickt um einen Hühnerknochen herum, und *das* nennst du dann die wahre Rose, die Rose aller Rosen." Das Bild ist mit Absicht gewählt: Der trockene Knochen ist das genaue Pendant zu dem lebenbebenden Küken, das Connie an ihr Herz drückt. Bevor sie zum Liebhaber aufbricht, befindet sie sich „in den Armen von Cliffords Skelettwillen, und die kalte Leere zwischen den Rippen des Skeletts drückte ihr das Herz ab".

Es ist hier nicht der Ort, den Fall Lawrence in seiner ganzen Breite aufzurollen. Nur soviel muß noch angemerkt werden, daß Lawrence trotz seiner theoretischen Hochschätzung des Matriarchats und des Mutterschoßes ein jähzorniger Tyrann war, daß seine und Friedas Eskapaden soviel Ärger und Eifersucht hervorriefen wie in bürgerlichen Ehen auch und daß der Traum von der mexikanischen Kommune, unter sanften indianischen Eingeborenen mit einer passenden Sonnen- und Schlangenreligion, nicht zu einem guten Ende führte. Lawrence starb 1930, mit vierundfünzig, an der Schwindsucht.

Er war ein Prophet, der zuletzt der ganzen Zivilisation des Westens den Prozeß machte und an eine Erneuerung der Welt aus dem Geist der alten Mythen glaubte. T. S. Eliot, gewissermaßen der Papst jenes Traditionsglaubens, den Lawrence bis aufs Blut haßte, sprach 1931 von Lawrences geistigem Hochmut, der sich von Unwissenheit nähre; „solch selbstgefälliges Geltungsbedürfnis kann nur aus einem schwerkranken Gemüt stammen".[14]

In seiner „Psychoanalysis of the Unconscient" und in der darauffolgenden Schrift „Fantasia of the Unconscious" hat Lawrence zu Freud, den er sehr verehrte, Stellung genommen. Er überbot ihn durch die religiöse Verklärung der Urmächte Blut und Fleisch und geriet in seinem Pathos manchmal in die Nähe jener Blut- und Rassenmystik, die sich aus ganz anderen dunklen Quellen nährte. In den gleichen Dunstkreis gehören jene pansexualistischen Schwärmer, die das Heil von einer Verschmelzung der Freudschen Ideen mit dem Kommunismus erhofften, wie Wilhelm Reich mit seiner Orgon-Theorie und wie Franz Jung, ein Bewunderer von Otto Groß, der seine revolutionären Ideen in ein Buch mit dem Titel „Von der Geschlechternot zur sozialen Katastrophe" packte.[15]

Man kann sich schwer in die naiven Phantasmagorien von Wilhelm Reich zurückversetzen, der etwa folgende simplen Lehrsätze verkündigte: „Wer nicht hungert, hat kein Bedürfnis zu stehlen und braucht daher auch keine Moral, die ihn daran hindert. Das gleiche Grundgesetz gilt in der Sexualität: Wer befriedigt lebt, vergewaltigt nicht und braucht auch keine Moral dagegen. Die ‚sexualökonomische Regulierung' des Geschlechtslebens tritt an die Stelle der normativen Regulierung." Zu Reichs Leidwesen scheiterten in der Sowjetunion sehr schnell die sexuellen Befreiungstheorien, die manche der Revolutionäre aus dem Westen mitbrachten. Reich hielt dem entgegen: „Sowie der Staat nicht etwa nur seine Form verändert, sondern völlig ‚abstirbt' (Lenin), so verändert sich die Moral nicht nur, sondern sie stirbt ab."

Im Jahr 1928 gründete Reich in Wien die „Sozialistische Gesellschaft für Sexualberatung und Sexualforschung". Ihm ging es vor allem um Kinder und Jugendliche, die dem natürlichen Trieb zu „genitalen Spielen" folgen sollten. Aber „im Kampfe gegen die ersten Ansätze zur Sicherung kindlichen und jugendlichen Liebeslebens einigten sich menschliche Gruppen, die sich sonst haßerfüllt befehden: Kirchenmitglieder aller Konfessionen, Sozialisten, Kommunisten, Psychologen, Ärzte, Psychoanalytiker usw." Reich ging von Wien in das, wie ihm schien, offenere Berlin und fand endlich Zuflucht für sich selbst und seine Emanzipationsideen in Amerika. „Man weiß heute in Amerika", schrieb er im Vorwort zur 4. Auflage seines Buches über die sexuelle Revolution, „daß die Zukunft des Menschengeschlechts von der Lösung der Frage der menschlichen Charakterstruktur abhängt. In den letzten Jahren hat besonders das Schlagwort der Selbstregelung in der kindlichen Erziehung weit um sich gegriffen, und es beginnt in die breiten Massen vorzudringen." Trotz aller Widerstände von seiten hohler Heuchler sei am Erfolg der „mentalhygienischen Massenbewegung und der Bejahung der biologisch-natürlichen Sexualität der Kinder und Jugendlichen" nicht mehr zu zweifeln. „Der Weltanschauung der Lebensverneinung tritt die der Lebensbejahung gegenüber."[16]

Nach den schlechten russischen Erfahrungen wurde Reich ein Amerikaschwärmer. Aber auch die Amerikaner waren nicht so leicht zu bekehren, wie er geglaubt hatte. Er ist 1957 im Wahnsinn in Lewisburg, Pennsylvania, gestorben, ein überschwenglicher Freiheitskämpfer in der Zelle eines Irrenhauses. Aber so wie Henry Miller Lawrences Kampf gegen die Zensur aufnahm und erfolgreich weiterführte, so knüpfte Herbert Marcuse, der Vater der Achtundsechziger, mit seiner Glückstheorie an Wilhelm Reich an.

Fünftes Kapitel:

Corydon

Am 10. Juli des Jahres 1873 gibt der Dichter Paul Verlaine, damals als ‚Moderner' so berühmt wie zu seiner Zeit Rainer Maria Rilke, einen Schuß auf seinen jungen Freund, das werdende Genie Arthur Rimbaud, ab. Da Dichter selten gleichzeitig gute Schützen sind, verletzt er ihn nur leicht. Trotzdem wird er zu zwei Jahren Gefängnis verurteilt, fast ein Jahr sitzt er ab.

Der Schuß im Café ist das vorläufige Ende einer Liebesaffäre zwischen Verlaine und Rimbaud, die Ende 1871 begonnen hat und sich in gemeinsamen Reisen, Saufereien, Eifersuchtsszenen und Streitigkeiten aller Art hinschleppt. Es ist die erste der homosexuellen Bindungen, Affären, Eskapaden, die seit dem Fin de siècle der Literaturgeschichte ein neues Kapitel hinzufügen.[1]

Rimbaud ist ein Wunderkind. Mit siebzehn ist er Gast im Künstlerkreis der „Vilains Bonshommes" und fällt durch sein „engelhaftes" Profil auf. Einer vergleicht ihn mit dem Knaben Jesus unter den Schriftgelehrten, aber ein anderer korrigiert mit einem Bonmot: „Der Teufel unter den Schriftgelehrten!"[2] Der junge Dichter im Primaneralter war schon beim Kommuneaufstand dabei und betreibt nicht nur dichterische Experimente. Er versucht Drogen und verschafft sich Halluzinationen, um zu „Voyances" zu kommen, zu Erleuchtungen jenseits der Erkenntnisschwelle. Eines dieser Experimente ist die Verführung des frischgebackenen und verliebten Ehemannes Verlaine und der Abstieg in die Tiefe der Ausschweifung, deren symbolisches Abbild Rimbaud selbst in dem Text „Une saison en enfer" („Reisestation Hölle") geliefert hat. Weder

Verlaine noch Rimbaud sind im heutigen Sinne Homosexuelle; was Rimbaud bewußt ausprobiert, ist die „Sünde", das „Laster". Von seinen gallischen Vorfahren habe er, so Rimbaud in dem Abschnitt „Schlechtes Blut" der „Saison en enfer", die Neigung zum Götzendienst und zur Gotteslästerung, die Vorliebe für alle Laster geerbt: „Zorn, Ausschweifung – herrlich, die Ausschweifung . . ."

Der Fall Rimbaud macht noch einmal deutlich, was „perversio" im christlichen Sinne ist: bewußte Abkehr, Sünde als freigewählte Lust, Überwechseln zur Höllenarmee. Daß im tatsächlichen Vollzug dann die Wut die Lust überwiegt, daß das seltsame Liebespaar in den Londoner Kneipen herumsäuft und sich nächtens prügelt, ist sozusagen notwendiger Bestandteil dieses Abfalls, wie auf der anderen Seite auch Verlaines Rückkehr zur angestammten Religion im Gefängnis, besiegelt durch den Gedichtband „Sagesse", was nicht nur „Weisheit" heißt, sondern auch „Bravsein, Wohlverhalten". Und in der „Saison en enfer" steht fast am Ende der wunderbare Prosatext „Matin" („Morgen"): „Ich kann mich nicht besser verständlich machen als der Bettler mit seinen geplapperten Paternoster und Ave-Maria. Ich kann nicht mehr sprechen! Aber ich habe meinen Höllenbericht beendet. Es war tatsächlich die Hölle; die alte, deren Tor der Menschensohn geöffnet hat. Aus der gleichen Wüste, zur selben Nacht, wachen meine müden Augen immer wieder auf beim silbernen Stern, immer, ohne daß die Könige des Lebens, die drei Magier aus dem Morgenland, Herz, Seele, Geist, sich bewegten. Wann werden wir über Berg und Tal wandern, um die Geburt der neuen Arbeit, der neuen Weisheit, die Flucht der Tyrannen und der Dämonen, das Ende des Aberglaubens zu feiern, um als erste das Weihnachten der Erde festlich zu begehen?"[3]

Rimbauds Weihnachtsmärchen hat wenig mit Verlaines neuer Frömmigkeit gemein, aber es zeigt, daß auch der engelschöne Knabe, der sich inzwischen fast zu Tod gesoffen und gehurt hat, etwas glauben will: Neben den „Gesang der Himmel" placiert er „den Marsch der Völker".

Von der Episode Verlaine–Rimbaud aus ist es nur ein Schritt zu der anderen großen Affäre, die das Ende des

Jahrhunderts erschütterte, der Verurteilung des hochgerühmten Dichters und Gesellschaftslöwen Oscar Wilde zum Zuchthaus wegen widernatürlicher Unzucht, homosexuellen Beziehungen zu Lord Alfred Douglas, einem anderen schönen und skrupellosen Engel-Jüngling. Man kann Verlaine und Wilde nicht vergleichen, bis auf das Faktum, daß sie beide die Verführten, die Geopferten waren. Im Zuchthaus von Reading fand dann bei Wilde jene „conversio" statt, die zwar nicht zur Religion, aber zu einer vertieften Einsicht in Schuld, Leid, Sühne führte. Der lange Brief an den Verführer, der später unter dem Titel „De profundis" veröffentlicht wurde, klagt diesen an, spricht den Autor aber selbst nicht frei, sondern entwickelt eine neue Lebensphilosophie, in deren Mitte die Tugenden der Demut und der Liebe stehen. Das vollkommenste Vorbild für diese Selbstformung, so Wilde, der sich ausdrücklich als Atheist bezeichnet, ist die Gestalt Christi. Er ist die „poetische", die „romantische" Figur par excellence, der Lebenswegweiser.

Was in diesen beiden Fällen exemplarisch deutlich wird, ist der kulturell oder literarisch geprägte Charakter der homoerotischen Beziehungen. So wenig zu leugnen ist, daß es auch konstitutionell bedingte Homosexualität gibt, als Variante im Zuteilungsspiel der Natur, so evident ist auf der anderen Seite, daß Fälle wie die der Paare Verlaine–Rimbaud und Wilde–Lord Douglas bewußte Grenzüberschreitungen sind, Abenteuerunternehmungen, denen auch das snobistische Bedürfnis, anerkannte Wertmaßstäbe und Gesellschaftsregeln zu brüskieren (im Fall Wildes), oder die knabenhafte Lust, verbotenes Neuland auszukundschaften (im Fall Rimbauds), zugrunde liegt.

Iwan Bloch hat als allgemeine Ursache die „Unruhe der modernen Kultur" hinzugenommen und mit Scharfsinn festgestellt: „Daraus resultiert eine seltsame, mehr *seelische* Gestaltung der modernen Perversität, ein eigenartiger Spiritualismus in der *Psychopathia sexualis,* eine wahre Irrfahrt und Odyssee des Geistes auf dem weiten Gebiete der geschlechtlichen ‚Ausschweifungen'."[4] Er hätte nicht gern hinzugefügt, daß das Kindheitserlebnis von Reinheit und Befleckung in einer streng christlichen, katholischen oder puritanisch-protestantischen Erziehung die Anziehungskraft der „Ausschweifung" erhöhte und der Sünde ihre Würze gab. Unter den sieben Hauptsünden war „Luxure" die bei weitem interessanteste.

Deutlich bewußt war der Zeit auch noch, warum Homosexualität nicht einfach eine Variante in der Artenvielfalt des Homo sapiens oder in den Verhaltensformen der Kulturen ist, sondern, da sie weder der Arterhaltung noch durch die liebende Umarmung dem Eros dient, eine sozusagen luxurierende Randerscheinung und im sexuellen Bereich ein Notbehelf, eine Abhilfe wie Onanie und Sodomie. Noch hing auch ihr der Name Sodomie an, nach jener biblischen Erzählung, wonach die Männer von Sodoma nach den beiden als Jünglinge erschienenen Engeln verlangen, obwohl Lot ihnen die eigenen Töchter anbietet. Und vor allem aus der griechischen Vorgeschichte dieser Neigung war es jedem Gebildeten bewußt, daß Homosexualität in ihrer häufigsten Form Knabenliebe war, also Minderjährige oder Unreife betraf, die selbst höchstens durch Verführung und Gewöhnung dazu „bekehrt" oder dafür gewonnen werden konnten.[5] Schließlich, auch dies trug zum Lasterbewußtsein bei, sind homosexuelle Beziehungen häufigem Wechsel unterworfen und führen zur Promiskuität, dem wahllosen Zugreifen (was erst die neue Krankheit AIDS als Normalität in der Anomalie wieder zu Bewußtsein gebracht hat).

Eine Lebens-, Leidens- und Wirkungsgeschichte, an der sich der Wandel in der Auffassung der Homosexualität exemplarisch studieren läßt, ist die André Gides. Puritanische Erziehung und lockerer Lebenswandel in nächster Nähe, kindliche Onanie und höchste Reinheitsträume, eine engelhaft zarte unberührbare Kusine (die dann Gides verehrte, aber nicht „erkannte" Frau wurde), der Narzißmus eines künstlerisch höchst begabten, aber scheuen und stolzen Jünglings, schließlich die Begegnung mit dem in sein Abenteuer mit Lord Douglas verstrickten Oscar Wilde sind die Gegebenheiten, aus denen sich eine schwankende, hin- und hergerissene Persönlichkeit entwickelt, die Frömmigkeit und Sich-Ausleben zunächst etappenweise überwiegen oder sich überlagern läßt, als

Stationen in Leben und Schaffen, um am Ende den Ausgleich im Alles-Verstehen, in einer höchst biegsamen, sprachlich vollkommenen literarischen Selbstverwirklichung zu finden.

Gide mußte mit seinem schließlichen Ja zur eigenen Veranlagung (oder eigenen Neigung) nicht nur überlieferte Denkformen aufgeben, sondern auch dem halbaristokratischen, vornehm bürgerlichen, auf Stil und Anstand bedachten Milieu trotzen, dem er durch Geburt, Bildung und Heirat angehörte. Er war alles andere als ein Bohemien, und es wurde um seine Entscheidung, um seine „Seele" gerungen wie um die des Sünders Faust.

Längst hatte er sich mit dem Roman „L'immoraliste" (1902) zu einer neuen Schönheit, Kraft, Gesundheit im Sinne Nietzsches bekannt und seinen jungen Helden bei den schönen Araberjungen der Oase Biskra sein Heil suchen lassen. Das Bekenntnisbuch „Nourritures terrestres" („Uns nährt die Erde") war vorausgegangen, mit dem Kernsatz: „Nathaniel, ich glaube nicht mehr an die Sünde." Aber dann lenkte Gide zurück, entdeckte Tugend, Entsagung, mystische Liebe in der „Engen Pforte" (1909), es entspann sich der Briefwechsel mit Paul Claudel, dem großen katholischen Lyriker und Dramatiker, den Gide wegen seiner felsblockartigen Glaubenssicherheit gleichzeitig bewunderte und als schroffsten Gegensatz zur eigenen, sich einschmiegenden Natur empfand.[6] Rundum war damals die Rückkehr zum Katholizismus beinahe „chic" geworden, auch der alte Kumpan bei den Ausflügen in die Pariser Unterwelt, Henri Ghéon, war „abgefallen".

In dieser Situation – Gide war dabei, die „Caves du Vatican", ein alles andere als bekehrungsnahes Werk, zu veröffentlichen – stieß Claudel im Frühjahr 1914 auf eine „päderastische" Stelle in Gides „Nouvelle Revue Française" und schrieb dem Dichterfreund: „Warum diese sonderbare Vorliebe für solche Themen, wenn Sie kein Päderast sind? Und wenn Sie einer sind, Unglücklicher, dann heilen Sie sich davon und stellen Sie diese Scheußlichkeiten nicht zur Schau." Noch einmal platzten in den folgenden Briefen zwei Haltungen hochdramatisch aufeinander. Gide erklärte: „Ich kann gegen meine Begierden kämpfen, ich kann über sie triumphieren, ich kann mir jedoch auf Befehl oder aus Nachahmung weder den Gegenstand dieser Begierden wählen noch andere erfinden." Und in einem zweiten Brief: „Wahrhaftig, ich sage Ihnen, ich weiß nicht, wie ich dieses Problem lösen soll, das Gott in mein Fleisch eingeschrieben hat."

Claudel beschwor Gide, die Stelle zu streichen. Er fuhr an Argumenten auf, was Vernunft und Bibel hergaben. Wenn Gide von der Heuchelei der Gesellschaft sprach, hielt er ihm Zynismus als schlimmeres Übel entgegen. Und mit der alten, kirchlichen Deutung des Wortes hielt er ihm entgegen, es handle sich bei Gide nicht mehr um eine Perversion der Sinne, sondern um eine solche des Gewissens und des Urteils.

Noch wichtiger ist der nächste Abschnitt des Briefes: „Die Literatur tut manchmal etwas Gutes, aber vor allem kann sie sehr viel Böses anrichten. Das Laster, von dem Sie sprechen, hat die Tendenz, sich immer mehr auszubreiten. Es ist nicht gleichgültig, wenn ein Mann wie Sie mit dem Prestige Ihrer Intelligenz, Ihrer Kultur und Ihres Talents sich zum Apologeten dieser Sache macht, oder auch nur die Phantasie seiner Leser mit Gedanken vertraut macht, von denen sie sich mit Grauen abwenden sollte."

Gide tat das Gegenteil des Erbetenen: Er rechtfertigte die Päderastie mit medizinischen, moralischen, kulturgeschichtlichen und sozialen Argumenten in vier sokratischen Dialogen, denen er nach einem vergilischen Hirtenknaben den Titel „Corydon" gab. „Corydon" kam 1920 anonym heraus; 1924 wagte Gide, es unter seinem Namen erscheinen zu lassen.[7] Die Zeiten hatten sich gewandelt.

Sie wandelten sich, weil eine Elite eben das feierte, was gestern verpönt, verschwiegen, tabuisiert worden war. Eben in den neunziger Jahren, in denen Gide seine Leidenschaften entdeckte, entwickelte und ihnen im algerischen Hinterland freien Lauf ließ, sammelte Stefan George die Adepten seines Männerbundes. 1903 erschien in den „blättern für die kunst" das Gedicht „Porta Nigra", in dem der römische Lustknabe Manlius die Zeitgenossen Georges tadelt, „gedunsne larven mit erloschnen blicken", und hochfahrend von sich bekennt:

Er möchte über euch kein szepter schwingen
Der sich des niedrigsten erwerbs beflissen
Den ihr zu nennen scheut – ich ging gesalbt
Mit perserdüften um dies nächtge tor
Und gab mich preis den söldnern der Cäsaren!

1907 dann rief George den Knaben Maximin – der in Wirklichkeit ein bayrischer Bursch mediterranen Typs namens Maximilian Kronberger war – im „siebenten ring" zum Halbgott aus. „Dem bist du kind · dem freund · /Ich seh in dir den Gott/Den schaudernd ich erkannt/ Dem meine andacht gilt", so fing das erste der Maximingedichte, „kunfttag I", an.[8] Daß zwei nackte Knaben das Buch „teppich des lebens" bei einer Vorlesung Georges wie Ministranten gehalten hätten, war zwar nur ein Gerücht; bei antiken Maskeraden trug Maximin eine ordentliche Tunika. Aber die Neigung des Meisters war jedermann bekannt, auch wenn er sich hütete, ihr notorisch nachzugeben. Immerhin hatte gerade einer der erlauchtesten Freunde des Kaisers, Philipp Fürst Eulenburg, wegen Homosexualität vor Gericht gestanden. Gerade die Zucht, die George predigte, sollte dem Verdacht unziemlichen Treibens entgegenwirken; wo von Nacktheit die Rede war, wurde sie griechisch stilisiert. Zu Georges „Staat" hatten die Frauen keinen Zutritt. Über den Jünger Gundolf sagte George: „Er hat das Aussehen und die Form des Jünglings länger bewahrt, als es sonst Menschen möglich ist. Jetzt geht es darum, ob er die Form des Mannes findet."[9] Gundolf fand sie nicht: Er heiratete.

Der Einfluß Georges auf das Deutschland der zwanziger Jahre war gewaltig. Er floß zusammen mit dem idealistischen Aufbruch der Jugendbewegung, die wiederum überwiegend männlich geprägt und von „Jünglingen" geleitet war. Über Gundolf, Bertram, Vallentin, Kantorowicz gewannen seine Ideen Macht an den Universitäten, drangen über Deutsch- und Geschichtslehrer in die Gymnasien. Männlichkeits- und Heldenideale, Führergestalten entzündeten die jugendliche Phantasie, pubertäre Verliebtheiten fixierten sich zu lebensformenden Neigungen. Der Philosoph Hans Blüher lieferte in seinem Werk über Männerbünde („Die Rolle der Erotik in der männlichen Gesellschaft 1917–1919") das historische Material dazu. Aus der Jugendbewegung sprang die zur Sitte werdende Unsitte auf die Freikorps über, von ihnen auf die völkische Bewegung, auf das Führerkorps der SA – so daß Hitler in der Homosexualität der widerspenstigen SA-Führer den Vorwand fand, sie als unmoralische Subjekte vor die Erschießungskommandos zu stellen. Sie waren gewissermaßen im Bett bei frischer Tat ertappt worden, so die Lesart, die auf das „gesunde Volksempfinden" spekulierte. Die dann einsetzende Verfolgung der Homosexuellen brachte dieser Gruppe das Solidaritätsbewußtsein und das Märtyrerpathos einer unterdrückten Minderheit, später aber, als „Randgruppen" generell aus Stiefkindern zu Schoßkindern einer reformtrunkenen Gesellschaft wurden, auch noch einen Heiligenschein.

In jenem Brief vom 9. März 1914, in dem Paul Claudel Gide die Leviten las, standen auch folgende Sätze: „Ich wiederhole es Ihnen: *Sie richten sich zugrunde.* Sie deklassieren sich. Sie kompromittieren Ihre gesellschaftliche Stellung. In Paris hält sich die öffentliche Meinung besser zurück, aber sie ist noch erbarmungsloser als die in London" (eine Anspielung auf das Schicksal Wildes). Das stimmte im Jahr 1914. Im Jahr 1924 konnte Gide im Vorwort zu „Corydon" darauf hinweisen, seine Freunde hätten ihm zwar von der Veröffentlichung abgeraten, das Büchlein könne ihm schaden, aber „um Beifall, Dekorierungen, Ehrungen, um Zutritt zu Salons, die in Mode stehen, habe ich mich nie bemüht". Nur auf die Achtung einiger weniger Köpfe komme es ihm an: „Ich hoffe, sie werden verstehen, daß ich ihre Achtung durch nichts mehr verdient habe als dadurch, daß ich dieses Buch schrieb und daß ich es heute zu veröffentlichen wage." Gide durfte es wagen; er blieb der berühmte Autor, fand einen gesellschaftsfähigen jungen Freund, stieg zum Lehrmeister einer jungen Generation auf. Die Neigung, der er huldigte, war mindestens in Künstlerkreisen akzeptiert, wenn nicht interessant. Hatte nicht Proust die gleichen Sympathien besessen? Und Cocteau? Und Nijinski? Cocteau rückte zum Mitglied der Académie Française, zum Offizier der Ehrenlegion, zum Ehrendoktor in Oxford auf. War es vielleicht so, wie Gide im „Corydon" behauptet hatte, daß Zeiten hoher Kunstblüte immer auch solche der Knabenliebe seien?

Der Umschwung der Sitten und der der Wertschätzungen jedenfalls vollzog sich. Trotzdem blieb bei Gide die Bewunderung für Claudel, bei Claudel die Aufmerksamkeit auf Gide konstant. Im Mai 1925 schrieb Gide an Claudel: „Ich habe den Wunsch, Sie wiederzusehen ... und ich habe Angst vor Ihnen.“ Claudel notierte: „Er sagte mir, sein religiöses Suchen sei zu Ende, er genieße ein gewisses auf Arbeit und Sympathie gegründetes Glücksgefühl.“ Und Gide stellte als Ergebnis des Besuches fest: „Claudel gegenüber fühle ich nur meine Mängel; er beherrscht mich, er hängt drohend über mir; er hat mehr Basis und mehr Oberfläche, mehr Gesundheit, Geld, Genie, Macht, Kinder, Glaube usw. als ich. Ich denke nur ans Wegschleichen.“

Zwei Theologien, eine christlich-gottgläubige und eine agnostisch-lebensgläubige, standen sich in den beiden Matadoren respektvoll gegenüber. Der letzte Schritt war noch zu tun: die Kanonisierung der neuen Liebeslehre. Er wurde vollzogen, als Jean-Paul Sartre einem seiner philosophischen Hauptwerke eine neue Ethik unter dem Titel „Saint Genet comédien et martyr“ voranstellte (1952 als Band I der „Gesammelten Werke“ erschienen).[10]

Sankt Genesius war jener römische Schauspieler gewesen, der, auf der Bühne das komische Gehabe der Christen nachäffend, jäh vom Strahl der Gnade getroffen sich bekehrt und selbst den Märtyrertod erlitten hatte. Sartre benutzte die Namensgleichheit des frühchristlichen Märtyrers mit dem Dichter, Dieb, Homosexuellen Jean Genet, um aus diesem die Modellfigur seiner umwertenden Moral zu machen. Das Werk Genets, an das er anknüpfte, war seinerseits eine Art perverser Himmelfahrt, „Notre-Dame-des-Fleurs“, im Gefängnis geschrieben und 1948 erschienen.

Notre-Dame ist ein Mörder, der hingerichtet wird. Seine „Geliebte“ ist Divine, der zum beliebtesten Strichjungen Montmartres aufsteigt, dann aber körperlich und seelisch verfällt und an der Schwindsucht stirbt. Bewußt läßt Genet den Jünger mit dem hochgegriffenen Namen als Märtyrer erscheinen. Sein Spitzname wird zur wesentlichen Aussage über ihn und im Mordprozeß gegen Notre-Dame erscheint der Mörder als Muttergottes. Der Erzähler „wagt zu sagen, daß aller Augen in dem Heiligenschein, der Notre-Dame-des-Fleurs umgab, die folgenden Worte eingraviert lesen konnte: Ich bin die unbefleckte Empfängnis." Bewußte Blasphemie. Oder, wie die Kommentatoren versichern, der Gebrauch einer konventionellen religiösen Sprache, um Erfahrungen einer neuen Religion zu beschreiben.

Wer sich das Gefühl für Maß und Mögliches bewahrt hat, wird Sartres daran und an Genets Schicksal anknüpfende theologische Deutung als noch krasser blasphemisch empfinden: „So wiederholt der Geschlechtsakt, der Genet zur Tunte macht, die Krise, die ihn in einen Dieb verwandelt hat: Im einen wie im anderen Fall wird ein Kind durch den Blick grausamer und starker Männer am Boden gekreuzigt (!). Aber diesmal ist die Krise provoziert, gewollt, und wie in einer psychoanalytischen Behandlung führt sie zur Katharsis, zur Läuterung. Als völlige Identifikation seiner selbst mit dem anderen und des anderen mit sich selbst, als gewollte und rituelle Wiederholung der Urkrise, des Sündenfalles, ist der Koitus doppelt heilig: Er ist Schicksalsaugenblick, der alle Einzelsünden des Diebstahls, des Verbrechens, der Enthauptung in sich zusammenfaßt." Auch hier ist der Gebrauch der religiösen Termini bewußt im Zeichen einer neuen Heilsbotschaft gesetzt, und es wundert nicht, daß Genet vom einfachen Märtyrer am Ende zum Pendant Christi aufsteigt, der die Sünden der Welt im Opferakt auf sich genommen hat. Die Perversion mündet in eine höhere Konversion, so wie sie früher in Schwarzen Messen und im Satanskult gipfelte.

Man wird sich nicht wundern, die religiöse Einkleidung der Homosexualität anderswo in anderem Kontext wiederzufinden. Was gestern noch besonders widerwärtig erschien, mußte mit dem Glorienschein der unbefleckten Empfängnis zu Gold gestempelt werden. Wie Genet eine Kultfigur des Existentialismus, wurde Allen Ginsberg, der wilde Wanderer und Lyriker, eine Kultfigur der Beat-Generation.[11] Sein Freund Jack Kerouak erzählt von ihm: „So lag er eines Nachmittags allein auf dem Bett seiner Wohnung in East Harlem. Neben ihm lag ein Band von William Blake, aufgeschlagen war das Gedicht ‚Ah! Sun-flower' ... Gerade hatte er gewichst, und während sein Bewußtsein noch für einen Augenblick erstarb, hörte er eine uralt klingende Stimme, die er für Blakes Stimme hielt, das Gedicht sprechen. Sofort schaute er aus dem Fenster, und in dem klassischen blauen Himmel sah er das Zeichen des Schöpfers, und hinter jedem Seinspartikel spürte er die Anwesenheit einer umfassenden, unsterblichen, beseelten Hand. Das verstärkte sein eigenes Ichgefühl, und er erkannte die gegenwärtige Existenz auf Erden als die ‚süße goldene Sphäre' des Gedichts, die Ewigkeit."[12]

Mit dem Wort „Ewigkeit" hatte auch Sartre seinen theologisch-mystischen Hymnus ausklingen lassen: „Es ist die heilige Zeit der mystischen Heimsuchung", hatte er orakelt, „es ist die Zeit der passiven Schau und des Seins: es ist die Ewigkeit." Unschwer wird man hinter diesen Aussagen den ersten Propheten wiederentdecken, Nietzsche mit seinem: „... denn alle Lust will Ewigkeit, will tiefe, tiefe Ewigkeit."

Auch der klassisch blaue Himmel gehört zur neuen Offenbarung, ebenso wie ihr Heiliges Land, Hellas. Allen Ginsberg schifft sich nach Griechenland ein, denn „Dies ist das Land des Marmors und der Haut/Dies ist die Liebe des Mannes".[13]

Diese Überschwenglichkeit war der Anfang. Was ein Laster gewesen war, wurde Brauch, und es konnte nur die Folge sein, daß der Paragraph, der die Liebe zwischen Männern verbot, in den siebziger Jahren aufgehoben wurde. Sicher ist auch, daß die neue Konfession (nicht mehr Randgruppen, sondern Machtgruppe und Interessenverband) in den nächsten Jahren unermüdlich daran arbeiten wird, auch die letzte Schranke, den Schutz der Jugendlichen, zu Fall zu bringen.

In Gides Apologie der Knabenliebe findet sich mancher moralische Appell, etwa ein Satz wie der folgende: „Die Begierde mag nun homosexueller oder heterosexueller Art sein, die Tugend besteht darin, sie zu beherrschen." Tatsächlich wurde aus der unterdrückten Minderheit die „Gay people", eine selbstbewußte Teilgruppe jenes neuen Anarchismus, der unter verschiedenen Namen und Bannern das alte Ziel verfolgt, die bürgerliche Gesellschaft zu stürzen und ihre Werte auszuwechseln gegen ein Glück, dessen wichtigster Pfeiler die Freiheit, sich auszuleben, ist.

Sechstes Kapitel:

Auflösung

Bei der Suche nach einem Begriff, der die gewaltigen Veränderungen im Bereich der Sitte und des Geschlechtlichen charakterisieren könnte, die sich zwischen den siebziger Jahren des vorigen Jahrhunderts und heute abgespielt haben, scheint mir derjenige der „Auflösung"[1] der geeignetste. Es hat sich in dieser Epoche tatsächlich ein System aufgelöst, das seit Jahrtausenden zwar mit vielen Varianten und Einzelentwicklungen, im ganzen aber doch recht stabil bestanden hat. Ich vermeide bewußt alle biologischen Begriffe vom Typus „Dekadenz" oder „Entartung",[2] weil sie Wertungen enthalten, die wir nicht von vornherein ansetzen können, aber auch weil gerade der biologische Tatbestand den düsteren Prophezeiungen der letzten Jahrhundertwende, die dann zur Nazizeit wieder auflebten, hartnäckig widerspricht. Die Kinder kommen am Ende des 20. Jahrhunderts so frisch, gesund und munter zur Welt wie eh und je (*wenn* sie noch zur Welt kommen), und die düsteren Zeitgemälde der Naturalisten, von Ibsens „Gespenstern" bis Hauptmanns „Vor Sonnenaufgang", sind, gerade was diesen Punkt angeht, Makulatur geworden.

Die gewaltige *historische* Dimension des Wandels haben die Zeitgenossen überwiegend nicht empfunden. Sie verstanden, was geschah, als Teil des emanzipatorischen Fortschritts, der das 20. Jahrhundert von den Fesseln des 19. befreite, von einer unnatürlichen Prüderie vor allem, ohne daß man sich um frühere Zeitalter und ihre Einstellung zur Sexualität viel gekümmert hätte. Zur Not half der Gegensatz christlich–heidnisch weiter, die christliche Welt als heuchlerisch, verklemmt, geschlechtsfeindlich, die heidnisch-antike als Vorbild auf dem

Weg der Befreiung. Man darf diese Interpretation des Prozesses als die heute geläufige ansehen, die etwa auch viele Katholiken der westlichen Welt veranlaßt, die hartnäckige Ablehnung dieser Veränderungen durch den Papst als hinterwäldlerisch zu verstehen. In gewisser Weise sind die im 20. Jahrhundert errungenen sexuellen Freiheiten so als Selbstverständlichkeiten ins Bewußtsein der demokratischen Öffentlichkeit übergegangen wie im Lauf des 19. Jahrhunderts Presse-, Meinungs- und Versammlungsfreiheit.

Der Begriff der Auflösung, der hier versuchsweise vorgetragen wird, entspricht als Metapher dem der Emanzipation. Emanzipation meint Befreiung von Fesseln, von Banden; Auflösung bezieht sich auf den Wegfall von Bindungen, von Zusammenhalt. Ob Bindungen Fesseln sind oder Stützen, ist auf den ersten Blick oft nicht auszumachen. Daß der Mensch, vor allem der junge, gern aus Bindungen herausstrebt, etwa derjenigen der Familie, ist bekannt. Ob er gut daran tut, stellt sich erst am Ende heraus. Es könnte ja auch sein, daß er nur eine Sklaverei mit der anderen vertauscht: daß er etwa seinen Trieben hörig wird, wie er vorher seinen Eltern hörig war.

Das Ergebnis der Emanzipation ist die Freiheit. Das Ergebnis der Auflösung ist die Haltlosigkeit, ihr Musterbeispiel der Tod als die Auflösung des Zellenverbandes Körper. Auch der Staat, die öffentliche Ordnung, das gesellige Leben können sich so auflösen. Ein Staat ohne Gesetze wäre wie ein Körper ohne die Befehlszentrale Hirn.

Das Verhältnis von Ordnung und Freiheit läßt sich verhältnismäßig neutral im Verkehrsbereich demonstrieren: Die Regeln werden als sinnvoll beachtet, an den Gurtzwang hat man sich gewöhnt, so daß das Anschnallen allmählich so selbstverständlich wird wie das einmal als Zwang dem Kind auferlegte Zähneputzen; auch ein einmal verhängtes Tempolimit wird sich mit der üblichen Toleranzbreite einspielen. In diesem einen schmalen Teilbereich des menschlichen Umgangs miteinander herrscht die Vernunft, aber leider nur deshalb, weil die Folgen der Unvernunft so drastisch zu bezahlen sind. Ein ähnliches Vernunftverhalten hat die neue Aufklärungs- und Emanzipationswelle für jenen anderen Bereich vorausgesagt, der sich auf den Verkehr zwischen den Geschlechtern bezieht –, ohne jenes Regelwerk, das einmal gerade hier der Sittenkodex dargestellt hat.

Ehe ein Blick auf den so erzielten Freiheits- oder Auflösungszustand geworfen wird, soll wenigstens skizzen- und stichwortartig die Entwicklung des letzten Halbjahrhunderts auf diesen Zustand hin – der *Er*- oder der *Auf*lösungsprozeß – dargestellt werden. Bemerkenswert ist zunächst die Tatsache, daß das Dritte Reich nach anfänglichem Zögern, ob es seinem konservativen Wesenselement, dem treudeutschen Ideal mit bezopften Maiden und schminkeverschmähender deutscher Hausfrau, weiter anhängen solle, sich für jene Vorurteilslosigkeit entschied, die schon den Lichtleibkämpfern vorgeschwebt hatte. Der Führer heiratete seine Geliebte nicht, und der Reichspropagandaminister sorgte für Schönheitsfeste und Aktmalerei nach genau jenem griechischen Pseudomodell, das die Sonnenjünglinge um die Jahrhundertwende beseelte. Die Ausfälle gegen die Mucker kehrten im nordischen Kontext wieder. Jener Rückgriff auf die alten Tugenden, der mit dem Kampf gegen „entartete Kunst" eingeleitet worden war, wurde durch die Nazi-Praxis bald widerlegt. Wo Hochzüchtung betrieben wurde, war der Trauschein nicht erforderlich, so wenig wie bei Rassepferden.

Der Krieg trug dann das Seine dazu bei, alte Barrieren niederzulegen. Daß nach einem Krieg Zügellosigkeit zunimmt, war schon die Erfahrung der zwanziger Jahre gewesen. Diesmal war der Sieger Amerika führend. Zwei Schockdaten der unmittelbaren Nachkriegszeit belegen das: 1945 erschien Henry Millers Roman mit dem Trommelschlagtitel „Sexus",[3] 1948 der Bericht über „Sexual Behavior in the Human Male" von Alfred Charles Kinsey und seinen Mitarbeitern, kurz Kinsey-Report genannt. Millers Roman war auf seine Weise, wie Lawrences Roman „Lady Chatterley's Lover" fast zwanzig Jahre vorher, ein Manifest, eine Proklamation, Pornographie eingesetzt als Waffe und Wagnis, um eben diesen alten Pornographiebegriff außer Kraft zu setzen. Ein neues Evangelium war einzuführen, und wie hätte das besser geschehen können als durch Umwertung selbst der Worte? Gleich der

Blick auf die erste Seite von „Sexus“ belehrt darüber. Scheinbar beiläufig fängt es an: „Es muß ein Donnerstag gewesen sein, als ich sie zum ersten Mal traf.“ Aber schon einer der nächsten Sätze läßt aufhorchen: „Ich ging in mein dreiunddreißigstes Jahr, ‚the age of Christ crucified‘.“ Achtet man auf solche Symbolismen, dann ist auch das Kennenlernen am Donnerstag, dem Vorabend des (Kar-)Freitags, nicht gleichgültig. Was in der folgenden „Großen Woche“ geschieht, ist der Beginn einer siebenjährigen Leidens- und Leidenschaftszeit. Das Wort „passion“ drückt ja beides aus. Der Zyklus der drei Romane „Plexus“, „Sexus“, „Nexus“ hat den Gesamttitel „The Rosy Crucifixion“, die „Rosenkreuzigung“.

Das ist die eine Seite der sexuellen Revolution, die religiöse, an deren Anfang Nietzsches Dionysos stand. Ihrem Enthusiasmus trat mit dem Kinsey-Report die Nulltemperatur der Wissenschaft entgegen. Der Titel wäre wörtlich zu übersetzen mit „Das sexuelle Verhalten des Homo-sapiens-Männchens“, und so war er gemeint. Das Geschlechtsleben der Tauben oder Bienen war seit langem tabubefreit, das der Eingeborenen auf Südseeinseln seit dem Ende der zwanziger Jahre ein beliebter Forschungsgegenstand. Bei Bronislaw Malinowski oder Margaret Mead konnte man über „Sex and Repression in Savage Society“ oder „Sex and Temperament in Three Primitive Societies“ nachlesen. Nun aber wurden leibhaftige Amerikaner, Zeitgenossen, Landsleute wie Käfer studiert. Das Aufsehen war gewaltig.

So verwirrte etwa die Tatsache, daß 25 Prozent aller befragten Männer im Alter zwischen 16 und 25 Jahren angaben, auch homosexuelle Kontakte zu unterhalten, all jene wohlmeinend-prüden Amerikaner, die bisher höchstens öffentliche Laster wie Trunksucht oder Faulenzerei hatten gelten lassen. (Katholische Beichtväter wären nicht so betroffen gewesen.) Vor allem die Langzeitwirkung des Berichts und der an ihn anschließenden Umfragen und Untersuchungen war enorm: Was bisher als „Sünde“ gegolten hatte oder mindestens als „un-anständig“ verpönt war, wurde nun durch den hohen Prozentsatz der Täter selbst zur möglichen Norm. Es triumphierte der Begriff „behavior“ („Verhalten“), der den

Menschen mit allem Ernst der Wissenschaft als Gattung irgendwo zwischen Schnecke und Elefant ansiedelte und sein Verhalten so zeitlos wie das der Wale und Würmer, unabhängig von Religion, Ethik, Kultur, Sitte, katalogisierte.

Auch die beiden nächsten Eckdaten in dem hier skizzierten Prozeß haben Amerika zum Schauplatz – nicht zufällig, denn hier ist ja der gigantische Fortschritt zu Hause, der die Welt in ein zivilisiertes Paradies verwandeln wollte. Hier wurden im Interesse des von der Verfassung vorgeschriebenen „pursuit of happiness" in den fünfziger Jahren jene ovulationshemmenden Mittel erfunden, die damals Anti-Baby-Pille hießen und für die heute die Kurzbezeichnung „Pille" genügt. In die Liste der Erfindungen, wie sie die Lexika bieten, ist die Pille nicht aufgenommen, aber die Milliardenzahl der dank ihr Nichtgeborenen überblickend, wird man die Behauptung wagen dürfen, daß *sie* die Geschichte der Menschheit mindestens so einschneidend verändert hat wie die Atombombe. Sie hat den Geschlechtsverkehr der Nichtverheirateten, vor allem den der jungen Leute, gefahrlos gemacht und zur sexuellen Befreiungstheorie die praktische Handhabe geliefert. Sie hat selbst die katholische Kirche als die Hüterin überkommener Sittlichkeit vor das Dilemma gestellt, entweder bei Beibehaltung der überlieferten Lehre dem Niedergang der Weltzivilisation durch „Bevölkerungsexplosion" tatenlos zuzuschauen oder aber im Interesse der Menschheitswohlfahrt ihre alte Lehre aufzugeben. Daß die Kirche mit ihrem Beharren auf die Dauer recht haben könnte, wagen selbst viele Katholiken heute nicht zu glauben.

Das zweite Datum, gewiß nicht weltverändernd wie die Pille, aber doch epochemachend, betrifft wieder einen Buchtitel, Herbert Marcuses „Eros and Civilization",[4] erschienen 1955, im Todesjahr Einsteins, Claudels, Ortegas, Thomas Manns, der großen alten Männer. Neue Phänomene meldeten sich: eine widerspenstige, auf sich selbst versessene Jugend, für die sich der Name „Halbstarke" einbürgerte, die „zornigen jungen Männer" begannen sich zu rühren, die Schulwelt verwandelte sich in einen „Blackboard Jungle". Der große Romancier Nabokov wagte den Skandal der „Lolita", des

Berichts von der Leidenschaft eines Mannes für ein zwölfjähriges Mädchen.

Herbert Marcuse war ein alter Mann, ein Emigrant, aber mit seiner Lehre, einer utopistischen Weiterentwicklung marxistischer und psychoanalytischer Theorien, wurde er der Sprecher des jungen Amerika, der aufbegehrenden Studenten, die das alte Amerika, das Establishment der Väter, nicht mehr mochten. Marcuse übernahm von Freud den Terminus „Eros", darin war er altmodisch, wie er übrigens auch seinerseits griechische Mythen ins Spiel brachte, um seine Theorie zu illustrieren. In einem wesentlichen Punkt stellte er Freuds Lehre auf den Kopf: Kultur war nun nicht mehr das Ergebnis von sublimiertem Eros, sondern würde sich voll verwirklichen erst ununterdrückt in einer von allen Zwängen, auch dem der Arbeit, befreiten Kultur. In dem Abschnitt „Die Verwandlung der Sexualität in den Eros" proklamierte er Arbeit als „freies Spiel menschlicher Fähigkeiten" und untersuchte die Möglichkeit „libidinöser Arbeitsbeziehungen".[5] Das Buch, eher schwerfällig geschrieben, ist sicher nicht von vielen gelesen worden, aber seine Heilsbotschaft verbreitete sich in Windeseile: Es war die Freisprechung von der Prüderie der Sozialdemokraten, der sexuellen Unterdrückung im kommunistischen Bereich und vor allem von jener Freudschen Gleichung, die Kultur nach allem Beiseiteräumen alten Schutts doch wieder mit dem Sittenkodex des alten Europa verknüpft hatte. In diesem Punkt heben sich Apo, Neue Linke, Anarchisten, Grüne von allen klassischen linken Traditionen ab und folgen eher jenen sektiererischen Freud-Schülern wie Wilhelm Reich und Otto Groß, deren Anarchismus mit Ächtung und Wahnsinn bezahlt worden war.

Die sechziger Jahre zeigen Rechtsprechung und Gesetzgebung bei dem hoffnungslosen Versuch, neue Dämme gegen die Flut aufzurichten oder die alten wenigstens zu halten. 1961 kommt in der Bundesrepublik das Gesetz gegen die Verbreitung jugendgefährdender Schriften zustande, aber in einem aufsehenerregenden Verfahren wird 1960 „Lady Chatterley's Lover" von einem englischen Schwurgericht vom Vorwurf der Unzüchtigkeit freigesprochen.[6] Ein anglikanischer Bischof hat den Ehebruch von Lady und Wildhüter als „einen Akt der Heiligen Kommunion" bezeichnet, ganz im Sinne jener neuen dionysischen Theologie, die Lawrence vor Henry Miller entdeckt hatte. In Deutschland entzündet sich der Streit 1963 an Ingmar Bergmans Film „Das Schweigen". Es ist das Jahr der Beatles, der „Hundejahre" und der „Ansichten eines Clowns". Hochhuth wagt sich mit dem „Stellvertreter" an den Papst, und die Katholiken probieren mit dem Schlagwort „Saubere Leinwand" einen kraftlosen Aufstand gegen die Sexwelle, der am Ende nur dazu dient, ihre alte Einordnung bei den Muckern und Duckmäusern zu bestätigen. Die Heuchelei und Verlogenheit, die von den Emanzipierern den Verteidigern der Konvention vorgeworfen worden war, blüht nun üppig auf im Rechtfertigungsgerede jenes Produktions- und Publikationsbereichs, der das marktgängig Gewagte, Lüsterne, Pikante, Derbe, das Nackte, Leichtgeschürzte, Schlüpfrige als Kunst vor Staatsanwalt und Polizei zu retten und den Liebhabern dieses Genres zuzuführen sucht.

Die in diesen Jahren angestrengten Prozesse endeten meist mit dem Sieg der „Kunst". Angesehene Literaturprofessoren konnten sich nun endlich wie ihre juristischen und medizinischen Kollegen durch Gutachten über strittige Bücher und Autoren ein Zubrot verdienen. Der Germanist Wilhelm Emrich zum Beispiel, der 1957 noch ein dickleibiges Werk über die Symbolik von Faust II verfaßt hatte, schrieb 1962 für das Bundesinnenministerium ein Thesenpapier, das Kriterien zu einer Unterscheidung von Kunst und Pornographie entwickelte, und erstellte unter anderem Gutachten zu Millers „Wendekreis des Krebses",[7] zu den seit zwei Jahrhunderten als Pornographie angesehenen Memoiren des Freudenmädchens Fanny Hill und zu der fiktiven Autobiographie des Holländers Jan Cramer. Es ist heute erheiternd, das gewaltige Argumenteaufgebot zu studieren, mit dessen Hilfe zum Beispiel „Fanny Hill" zu einem bedeutenden Kunstwerk umstilisiert werden mußte. Ja, so steht es schlußfolgernd da: „Das Erstaunliche und künstlerisch Geglückte an dem Roman besteht daher gerade darin, daß Fanny Hill mitten in einem Bordell aufgrund der ihr dort gegebenen Erfahrungen in der

Lage ist, das gesamte pervertierte Moralsystem der bürgerlichen Gesellschaft zu sprengen und wahre personale Liebe zu realisieren."[8] Die moderne Sexualpsychologie, so führt unser Germanistikprofessor, sich über einen Gegenstand verbreitend, der kaum zu seinem Fach gehört, weiter aus, habe gezeigt, daß gerade die Unkenntnis sexueller Vorgänge zu schweren neurotischen Störungen und zu entsprechend katastrophalen Liebes- und Ehebeziehungen führe und damit die sittliche Persönlichkeitsbildung ganz verhindern könne. Ein Satz noch, und er hätte „Fanny Hill" als Therapie empfohlen.

Damals hatte zum mindesten einer allen Grund, sich über diese Professorensophistik zu ärgern, der Amtsgerichtsrat Jungeblodt, der die Bundesprüfstelle für jugendgefährdendes Schrifttum vertrat. Er notierte bitter, die Bemerkungen des Gutachters, der seine wertvolle Zeit sicher nicht so unentgeltlich zur Verfügung stelle wie die Beisitzer der Bundesprüfstelle, seien recht bedauerlich, und er fand im Gegensatz zu Emrichs Gutachten über das Buch des Holländers Cramer eine Szene, bei der katholische Schwestern in einem Krankenhaus neugierig und mit schrillem Gekreisch einem Geschlechtsakt beiwohnen, nicht satirisch, sondern einfach unflätig. Der Amtsgerichtsrat Jungeblodt mit dem Thomas Mannschen Namen vertrat in diesen Streitfällen nicht nur den Staat, sondern auch den gesunden Menschenverstand, aber die Welle spülte über ihn hinweg.[9]

Was er als Selbstzweck des Romans von Jan Cramer erkannte, Provokation, wurde nun zum eigentlichen Kunstausweis und ist es, vor allem auf dem Theater, bis heute geblieben. Es war nur noch eine Frage der Zeit, wann kein Kunstvorbehalt mehr nötig sein würde, um Pornographie vor dem Zugriff der Sittenwächter zu schützen. Die fortschrittlichen skandinavischen Länder gingen, wie auch sonst, voran: 1965 reformierte Schweden das Sexualstrafrecht, in den folgenden Jahren gab Dänemark Pornographie in Wort und Bild frei und erlaubte sogar die unentgeltliche Weitergabe solcher Erzeugnisse an Kinder. 1969 siegte bei den Bundeswahlen die neue sozial-liberale Kombination und hatte wenig Eiligeres zu tun als die Reform der Paragraphen 175 und 184.

Der Spiegel ging mit einer breiten Kampagne voran. Im Herbst 1970 ernannte er die SEX-Welle zum Thema eins und widmete ihr eine breit angelegte Reportage, in der er das neue Wort „Sexpansion" prägte. Er zählte auf, daß in den letzten beiden Jahren ein „Lexikon der Liebe" bei List (30.000 Auflage), ein „Sexuallexikon" bei Lübbe (5000), ein zehnbändiges „Modernes Lexikon der Erotik" bei Besch (250.000 Bände), eine 30bändige Reihe „Sexualwissenschaft" bei Lichtenberg (20.000 Bände), eine 22bändige Taschensexologie bei Rowohlt (360.000 Exemplare) und gleich zwei Taschenbuchlexika der Sexualität bei Heyne und im Evangelischen Jugenddienst-Verlag erschienen seien und widmete sich mit Sympathie der Konzernherrin Beate Uhse, die gerade zur erfolgreichsten Pornographieproduzentin der Bundesrepublik aufstieg. Auch blieb es dem Hamburger Magazin nicht verborgen, daß linke Blätter ihre Politartikel mit Aktfotos würzten, in jenem Rundumkampf für alle Freiheiten, der die sexuelle wahrhaftig nicht hintanstellen konnte, und mit dem Nebengedanken, daß lüsterne Käufer, selbst wenn sie die Artikel nicht läsen, wenigstens zur Finanzierung der Postille beitrügen.

Die Massenhaftigkeit der Sexwellenphänomene machte ihre Strafverfolgung zur Farce, die Kirchen beschränkten sich auf gelegentliche Mißbilligung, die Unionsparteien arbeiteten an der Reform des Sexualstrafrechts mit, mit Bremsversuchen hie und da. Allenthalben setzte sich die Meinung durch, die bis dahin gültigen Vorschriften seien „archaisch" oder „primitiv". Tatsächlich forderte das, was man den „Wandel in der Gesellschaft" nannte, eine Neufassung der Straftatbestände, aber fast unglaublich war doch, wie die Vertreter dieser neuen Tendenz sich in die Brust warfen, um die Reform zu glorifizieren und ihre Gegner als Hinterwäldler zu denunzieren. *Die* Wissenschaft – „von den Sexologen und Psychologen bis zu den Alternativprofessoren, also Juristen" – hatte schlicht recht, was sich ihr widersetzte, konnte nur auf „Emotionen" beruhen. Der hessische Justizminister Hemfert verstieg sich zu der Frage, ob man es als Politiker verantworten könne, „jenen reinen Emotionen noch bis in die Beratungen zu einem modernen Gesetz Gehör zu verschaffen".[10] Richtiger sei es doch wohl, die Bevölkerung darüber aufzuklären, wie diffizil das ganze Sexualproblem sei – mit Worten, die der Minister nicht aussprach, die aber ahnen ließen, daß halt die Leute zu dumm seien, davon etwas zu verstehen. Pathetisch rief er aus, wir sollten bemüht sein, als Ergebnis der Strafrechtsreform eine Justiz zu haben, die auf der Höhe der Zeit sei und die – ausgerechnet – vor den Augen der Naturwissenschaftler ihre Rechtfertigung finde. Ja, so proklamierte er, auf den Spuren Kinseys und seiner Untersuchung des Männchens der Spezies Homo sapiens.

Noch eine andere Waffe gab der Zeitgeist seinen Vorkämpfern in die Hand. Theodor Adorno hatte das passende Zitat dazu geliefert: „Angesichts der aktuellen und potentiellen Schäden, die gegenwärtig der Menschheit von ihren Verwaltern angetan werden, hat das sexuelle Schutzbedürfnis etwas Irres."[11] Die Umwertung der Werte vollzog sich darin, daß nicht mehr das Unzüchtige im alten Sinn „obszön" gefunden wurde, sondern Krieg, Gewalt, Aufrüstung, Umweltverschmutzung und andere Zeitsünden. Wirklich, bekannte unser hessischer Minister schon im Herbst 1970, wenn er so durch die abgasverseuchten Straßen der Innenstadt gehe, dann habe er gegenüber der Bevölkerung ein schlechtes Gewissen, „meine Arbeitszeit für solche Dinge wie Schutz vor Pornographie zu verwenden, statt sie sinnvoller der viel dringenderen Aufgabe des Schutzes unserer andauernd bedrohten Gesundheit zu widmen". Die Grünen würden ihn heute wegen solcher Sehergabe feiern.

Siebtes Kapitel:

Zustände

Die heutigen Zustände als Ergebnis aller gängigen „Wellen" und „Reformen" brauchen nicht beschrieben zu werden. Jeder kennt sie. Kinder werden frühzeitig aufgeklärt, Jugendliche haben feste Freunde und Freundinnen, junge Leute heiraten und lassen sich scheiden oder ziehen praktischer einfach zusammen, ältere oder gerade unversorgte Bürger decken ihren Bedarf in Sexläden, Peepshows und Pornokinos. Homos haben ihre Treffpunkte und Bars, schließen sich zu Vereinigungen zusammen, kämpfen um mehr Rechte, Leder-Liebhaber finden das Ihre in den einschlägigen Annoncenteilen. Was die einen, die Älteren, die Noch-Gläubigen, „Libertinage" nennen, heißt bei den anderen, vor allem den Jüngeren, natürliches Sexualleben.

Ein salopper Ton gehört heute zum Thema. Ein Pfarrer würde sich unmöglich machen, der auf der Kanzel noch die alten Sündentöne anschlüge. Die frühere Funktion der Striptease-Shows hat heute das Theater übernommen, auf dessen Bühne sich selbst Fausts Gretchen vor dem Schlafengehen total entkleiden muß. Obwohl niemand sie mehr so richtig ansieht, gehören die entblößten Mädchen zur notwendigen Ausstattung der Illustrierten und Boulevardblätter.

Wie die Aufklärung der Kinder hat sich auch die Sexualwissenschaft längst der Praxis zugewandt: „Seit vielen Jahren hält der Dozent Stan Dale in San Francisco Kurse und Workshops in Sinnlichkeit und Sex ab. Paare zwischen 30 und 50 lernen hier, wie man einander erotisch berührt und massiert und bekommen eine lebensbejahende Einstellung vermittelt." Oder: „Die Studenten lagern auf einem riesigen Diwan, während ihnen Professor Haeberle in seinem Sexseminar Anschauungsunterricht in Sachen Sado-Masochismus erteilt. Hier zeigt ein Paar eine ‚einfache Fesselung' und erklärt, warum es zu diesen Praktiken neigt."[1]

Wie in jeder ordentlichen Wissenschaft müssen auch in dieser die Ergebnisse nachgewiesen und kontrollierbar sein. Da haben zum Beispiel die berühmten Sex-Therapeuten Masters und Johnson nach Ansicht der Sex-Psychologen Evans und Zilbergeld versagt. Sie haben zwar Streicheln und Petting und was sonst noch zum Handwerk gehört, ihren Patienten vorgeführt und beigebracht, aber nicht gründlich genug Buch geführt über Ablauf und Wirkung.[2] Volles Lob hingegen findet in der ZEIT die amerikanische Psychologin und Sexualtherapeutin Lonnie Barbach, deren Lehrmethode im dritten Programm des Norddeutschen Rundfunks an zwei Abenden vorgestellt wurde, unter dem vielversprechenden Titel „Mehr Lust". „Sie ist in ihrer Sprache, Gestik und Mimik Amerikanerin, sie ist freundlich, ermunternd, lieb, entgegenkommend, begeisterungsfähig und alles in allem absolut unverbindlich, aber gerade auch deshalb wiederum ideal in ihrer Funktion."[3]

Wer noch in den alten Kategorien denkt, muß sich die Haare raufen, weil es heute nicht nur Sünde gibt wie eh und je, sondern sogar wissenschaftliche Anleitungen zu ihr, Aufbaukurse für Anfänger gewissermaßen. Wer realistisch die Zeitströmungen verfolgt, entdeckt da die alten Züge des Scharlatanismus wieder, des Wunderwesens, der Glücklichmacherei gegen Geld, die im Evangelium den „falschen Propheten" zugeschrieben wird, und der Weg von den cleveren amerikanischen Geldschefflern zu dem Inder Bhagwan Shree Raijneeh und seinen Komplizen wird ihm nicht so weit erscheinen, wie es der Gegensatz Westlich–Östlich eigentlich nahelegt. Die wissenschaftliche Verbrämung konkurriert mit der mystischen. Beide locken mit der Erlösung durch freiere, höhere, tiefere Erfahrung im geschlechtlichen Bereich.

Das Allermerkwürdigste an dieser Entwicklung ist freilich, wie wenig die Befreiung zum Heil, zur Gesundung, zum allgemeinen Wohlbefinden beigetragen hat. Was durch Freigabe eigentlich reguliert, zum Maß zurückgeführt werden sollte, hat sich erschreckend breitgemacht, hat sich suchtartig ausgedehnt, ohne daß die alten Übel, von der Verklemmtheit bis zur Besessenheit, verschwunden wären. Ein unfroher Zug kennzeichnet den ganzen Betrieb, und es wundert nicht, daß zwei kecke junge Franzosen, Pascal Bruckner und Alain Finkielkraut, ausgezogen sind, um die Apostel der sexuellen Befreiung als gräßliche Langweiler bloßzustellen und um ein neues Glück, „le nouveau désordre amoureux" (die neue Liebesunordnung) zu predigen.[4]

Wenn man von Zeit zu Zeit die Auslagen der Sexläden mustert, die sich auf das Selbstverständlichste in die allgemeine Bedarfsdeckung der Einkaufsstraßen eingereiht haben, so wird die allmähliche Umwandlung auffällig, die in den letzten Jahren vor sich gegangen ist: vom Lustangebot der ersten Zeit, Magazinen und Filmkassetten, zum Hilfs- und Heilangebot der jetzigen, mit entschiedener Annäherung an Apotheken und Geschäfte für sanitäre Artikel. Fläschchen, Salben, Prothesen füllen die Auslagen, zusammen mit Reizwäsche und sonstigen Belegstücken, daß dem Naturtrieb nachgeholfen werden muß. Es heißt, Männer klagten, weil ihre Frauen zu anspruchsvoll geworden seien, und fortschrittliche Frauen beschweren sich laut und öffentlich, die Pornomagazine entwürdigten sie zum „Lustobjekt". Nietzsche, in eine heutige Großstadt zurückkehrend und die traurigen Männer in den Peepshows an ihren Fensterchen beobachtend, würde entsetzt sein, zu sehen, was aus seiner dionysischen Legende geworden ist, aus den geträumten Festzügen tanzender und jauchzender schöner Menschen. Trotzdem: Die neue Unzucht stirbt nicht an ihrer Monotonie und ihrer Schäbigkeit. „Sex and crime", einmal als Attraktionen eingeführt, sind inzwischen zur Gewohnheit geworden wie Kaugummi und die rasch an den Mund gesetzte Flasche Bier. So sehr die Enthüllungspresse davor zurückscheut, gerade aus diesem Gebiet die Geschäftemacher bloßzustellen und die Umsatzzahlen zu nennen, so sicher ist doch, daß der Laden läuft, zum Beispiel in den Videotheken, wo der häusliche Bedarf gedeckt wird, wenn das Fernsehen abends nicht das Passende bringt. Noch rühren sich gelegentlich Proteste gegen die Gewaltszenen in diesen Filmen, von seiten jener Aufklärer, die „Lust" schrankenlos entfaltet und „Gewalt" ausgerottet sehen wollten. Aber wer inzwischen die Lektion gelernt hat, weiß, daß beide unterirdisch zusammenhängen, nicht nur im Faktum „Vergewaltigung". Ein Kommentar zu den Videokassetten lautet: „Das sind keine menschlichen Geschichten mehr, es werden keine Beziehungen zwischen Menschen mehr dargestellt. Es werden nur die Exzesse, die Knallpunkte sozusagen, gezeigt: das Schießen, das Töten, das Blutspritzen, der Koitus."[5]

Man könnte vermuten, daß dies alles in einer niedrigen Lotterwelt vorfalle, jenseits des honorigen Areals, das wir als „Kultur" deklarieren, in einer gesellschaftlichen Grauzone von Kleinbürgern und Proleten. Aber dem steht entgegen, daß die wilde Sexualität gerade dort ihre schmetterndsten Triumphe feiert, wo von alters her die Gesellschaft sich selber dargestellt sieht: auf dem Theater. Hier überbieten sich die Sexualsensationen, das Krasse regiert die Stunde, die Buhrufer unterliegen den frenetisch Klatschenden, der Zuschauerstreik, das schlichte Wegbleiben des Publikums, findet nicht statt, weil „man" noch immer festlich ins Theater geht, obwohl es ein ganz anderes geworden ist.

Dies im einzelnen zu belegen, fällt nicht schwer. Der erfolgreichste deutsche Theaterautor ist zur Zeit Franz Xaver Kroetz. Über die Hamburger Aufführung seines Stücks „Bauern sterben" schreibt der SPIEGEL, nachdem er den Regisseur Minks gelobt hat, er spanne nirgendwo dem Publikum einen beschönigenden Schleier vor die Augen: „Statt dessen sind die Bilder wie die grellen Scheinwerfer des Traktors ins Publikum gerichtet. Gibt sich die Schwester einem Kunden gegen Geld hin ..., dann werden die grausige Ekligkeit und kleinliche Brutalität des Vorgangs nirgends kaschiert. Er nimmt ihre Exkremente und schneidet ihr Haar ab, weil er nur so pervers zurück zur Natur findet; er schwärmt von Amerika und der Freiheit und versteht darunter sexuelle Mißhandlung ... Wenn der Bauer in der Stadt sich mit Pornos über Video befriedigt, so wird dieser miese Vorgang nicht ‚irgendwie' weggeschummelt, sondern die Zuschauer im

Schauspielhaus sehen frontal einen Ausschnitt aus einem Hardcore-Porno."[6]

Unter der Überschrift „Triebwerke des Teufels" beginnt der SPIEGEL-Redakteur Peter Stolle seinen Bericht über „Sex und Gewalt auf deutschen Bühnen" mit dem Satz: „Blut und Tränen fließen, Knochen krachen, Frauen wimmern im Würgegriff brutaler Gangster. Messerschlitzer und Sittenstrolche lauern überall, bürgerliche Eheleute entlarven sich als wahre Monster, unflätige Beschimpfungen sind die gängigsten Umgangsformen."[7]

Eines der in diesem Bericht vorgestellten Stücke, „Verlorene Zeit" von John Hopkins, hat folgende Handlung: „Joanne ... ist die Hauptfigur dieses Triebwerkes, ein Buhlteufel mit wechselndem Appetit auf Frauen und Männer. Sie ist eng liiert mit Ruth, einer von sexuellen Obsessionen bedrängten Hausfrau, die nach der Scheidung Tröstung sucht. ‚Drecksäue' seien die Männer, predigt Joanne, man dürfe ihnen niemals zeigen, ‚daß man verletzlich ist, sonst machen sie einen gleich zur Schnecke' ... Zu einer Sexorgie laden sie zwei solche Lüstlinge ein, Mike und Wally, die in sabbernder Erwartung auf ein paar ‚Klasse-Titten' erscheinen, nach absolviertem Koitus aber von der furienhaften Joanne erbarmungslos zur Minna gemacht werden."

Der – vorläufig noch – gefeiertste der deutschen Regisseure, Peter Zadek, hat dieses Stück 1984 in Hamburg inszeniert. Warum? Laut SPIEGEL: „Zadek-Kenner sagen, die Lust am Skandal habe den Sponti wieder gejuckt", ein Münchner Theatermann habe gelästert, Zadek habe den Hamburgern „ihr frisch lackiertes Schauspielhaus vollscheißen und dann wieder abhauen" wollen. Tatsächlich war der Stuhl des Hamburger Schauspielhaus-Intendanten neu zu besetzen. Damals schrieb der SPIEGEL-Kommentator: „Für Zadek, der auf diese Vakanz begehrlich schielt, ist das zuchtlose Orgienspiel eine Art russisches Roulette – Sieg oder Tod."[8] Heute weiß man, die Spekulation hat sich gelohnt, Zadek ist Intendant und hat mit der Ausgrabung des Webster-Stücks „Die Herzogin von Malfi" alsbald bewiesen, daß er auch im Historienstück die fatale Mischung anzubieten weiß.

Es wäre leicht, aber es lohnt sich nicht, das Theater als die eigentliche Schau-Bühne des sexuellen Skandals auch bei anderen vielgespielten Autoren, bei Achternbusch und Heiner Müller, bei Elfriede Jellinek oder Faßbinder, nachzuweisen. Es lohnt sich nicht, weil das Kochrezept auf die gleiche Formel zu bringen ist: Sex in der niedrigsten Form und in den perversesten Abarten, immer mit Gewalt und Grausamkeit gepaart, fast immer auch mit Blasphemie und Sakrileg als zusätzlicher Pfefferdosis. Auch mit dem politischen Unterton, daß unsere Welt nun einmal so verkommen sei, aber kaum noch mit politischen Erlöserparolen verbrämt.

Die Art, wie darüber berichtet wird, hat in schnoddrigem Ton zu erfolgen, abgebrüht, als seien das Obszöne und das Perverse das Natürlichste von der Welt, und wenn der Teufel in der Überschrift eines SPIEGEL-Berichts erscheint, so ist das als witzige Pointe zu verstehen. Ja, „den Teufel spürt das Völkchen nie, und wenn er sie am Kragen hätte". Eine große süddeutsche Zeitung kann etwa werben „Die Sünderin verboten – Pornographie freigegeben" und damit an zwei Eckdaten des Aufklärungsfeldzuges erinnern. Es heißt dann in dem üblichen witzelnden Ton weiter: „Die Deutschen haben sich entblättert in den letzten 40 Jahren. Wie schnell bei Tabus von ehedem ein Ende kommt, zeigen uns die Nackten am Isarstrand." Dann macht die Zeitung eine vornehm-vorsichtige Einschränkung: Tabubrechen ist ein Vergnügen für alle, die es gerne krachen hören, sie selbst, die Zeitung, liebe leise Töne und leise Farben. Ein wenig ängstige sie freilich die Verbissenheit der Tabujäger, dann setze sie eine Glosse, ein Streiflicht dagegen. Tabubrechen, könnte man diese Reklame umschreiben, muß sein, nur bitte auf leichte und diskrete Art.[9]

Denkt man an frühere Auseinandersetzungen und Abwehrkämpfe gegen das Obszöne zurück, so gewinnen heutige Aktionen tatsächlich etwas unfreiwillig Komisches. Da ist zum Beispiel die Tat jenes Anstreichers und „Kunstmalers" Hans Buchwald, der auf der Düsseldorfer Ausstellung „von hier aus" drei Bilder des Berliner Malers Salomé mit einer Schellacklösung besprühte, weil auf ihnen sodomitische homosexuelle Praktiken zu sehen waren und er die Jugend vor derlei schützen wolle; er sei überzeugt, führte der Angeklagte vor Gericht aus, wenn Schulklassen durch diese Ausstellung geführt würden, wären „schwere Entwicklungsschäden im sexuellen Bereich" die Folge. Der Bericht über die Verhandlung – diesmal in der FAZ – zeichnet überdeutlich die Situation: „Der Angeklagte, der nicht dumm und auch kein Kunstbanause ist, hat einen mitfühlenden Richter ... gefunden. Er hat sich die Ausstellung selbst angesehen und scheint nachempfinden zu können, was den Angeklagten bewegte, als er zur Sprühdose griff. Doch daß der Angeklagte aus ‚Notwehr' gehandelt habe, läßt er schließlich doch nicht gelten. Im übrigen will er sich zur großen Enttäuschung des Angeklagten auch nicht auf eine Diskussion darüber einlassen, ob es sich bei dem Corpus delicti ... um Kunstwerke oder Pornographie handle ... Er gehe schon deshalb davon aus, daß es sich um Kunstwerke handle, weil diese Bilder für diese nicht unwichtige Ausstellung von fachkundigen Experten ausgewählt worden seien."[10]

Der Angeklagte muß, so der milde Spruch des Gerichts, 400 DM Strafe zahlen, die Sprühdose wird eingezogen. „Auch gute Absicht rechtfertigt keinen Kunstvandalismus" ist der Bericht überschrieben.

Versucht man aus dem Faktenandrang so etwas wie eine Bilanz zu ziehen, so gilt es vorsichtig zu sein. Die allgemeine Anklage der „Sittenlosigkeit" trifft sicher aus der alten Bußprediger-Perspektive zu, aber sie besagt zu wenig gegenüber dem Pegel des Bewußtseinsstandes, der die neue Natürlichkeit der Zustände akzeptiert und der Epoche das Etikett „permissiv" anklebt, das man mit „weitherzig, tolerant" übersetzen könnte, gegenüber dem Schreckbild der „repressiven" Gesellschaft.

Es ist vielleicht einfacher zu sagen, was diese Epoche *nicht* charakterisiert. Sie ist keine Zeit großer Ausschweifung, wilder Ausgelassenheit, sinnlichen Überschwangs, erotischer Dämonie, wie vielleicht die italienische Renaissance oder das kaiserliche Rom. Sie verkörpert sich nicht in rauschenden Festen oder in herrschenden Hetärengestalten. Sie hat nicht einmal entfernte Ähnlichkeit mit jener „belle époque", in der die vergötterten Kokotten und Kurtisanen Hof hielten wie Fürstinnen und die Lebenslust zwischen Cancan und Champagner ihre Purzelbäume schlug, explodierend in der Endphase des prüden bürgerlichen Zeitalters. Beim besten Willen war heutzutage dagegen nicht mehr aufzubringen als das Mädchen Rosemarie Nitribitt, das die Insassen von schwarzen Mercedes-Limousinen versorgte, und auch das ist schon fast zwanzig Jahre her.

Damals, im Jahr 1886, hat der berühmte Künstler Félicien Rops jene Zeichnung entworfen, die unter dem Titel „Pornokrates" eine nackte Dame zeigte, die ein Schwein an der Leine führt oder von ihm geführt wird. Die Huren herrschten, das hielt die Zeichnung fest, das meinte Zola, als er in „Nana" den Satz niederschrieb: „Sie versengte die Erde, wo immer sie ihren kleinen Fuß hinsetzte." Ein jüngerer Autor, Bodo Kirchhoff, hat an diese Zeichnung angeknüpft und ein paar Geschichten unter dem Titel „Dame und Schwein" vereint.[11] Diese Geschichten, parodistisch gemeint und von den Kritikern in ihrer Absicht kaum verstanden, unter heutigen Gebildeten spielend, Autoren, Kritikern, Antiquaren, Galeriebesitzern und Mäzenen, laufen alle auf die gleiche Pointe hinaus: Es gibt keine Ausschweifung mehr, sondern nur noch das Gerede darüber, keine Pornokratie, sondern nur noch Pornographie, Ersatz, Künstlichkeit, Getue. Die befreite Zeit ist so lendenschwach, daß sie sich ächzend zum nächsten Orgasmus schleppt.

Victor Hugos Satz über die Revolution gilt auch hier: „Das Elend bringt die Völker zur Revolution, die Revolution aber bringt die Völker ins Elend." Die schon erwähnten Jungautoren Pascal Bruckner und Alain Finkielkraut drücken es so aus: „Und gar das Modell des Orgasmus, das mit soviel Nachdruck und so erbarmungsloser Gewalt verhängt wird: es schafft seinerseits neues Elend, das Elend all derer, die in ihrer Sexualität nicht die heiligen Zeichen der höchsten Entzückung zu erkennen vermögen und die dieser Mangel zu libidinöser Mittelmäßigkeit verurteilt." Nicht jeder, so darf man schließen, hat eben das Zeug zum dionysischen Menschen.

Achtes Kapitel:

Rückblick I
Das Alte und das Neue Testament

Rückblickend fassen wir Mut und wagen festzustellen: Eine Epoche ist zu Ende. Ideologien haben abgewirtschaftet. Sie sind nicht überwunden, sie halten noch weite Territorien – materiell und geistig – besetzt, aber sie entwickeln keine Impulse mehr. Wie am Ende von Faust II sind die Spaten, die man Erde aufwerfen hört, nicht die von Siedlern und Pionieren, sondern die von Totengräbern. Die Postmoderne weiß zwar noch nicht, was sie ist und wie sie ist, aber sie hat sich entschlossen, die Moderne begraben sein zu lassen.

Die sexuelle Revolution war ein Frontabschnitt dieser dynamischen Zeit, so wie die politischen Revolutionen, die Emanzipation der Frauen, der permanente Aufstand der Dritten Welt und die nicht nur im fernen China abgewickelte „Kulturrevolution". Sie hat unendlich viel bewirkt, vieles zerstört, neue Verhältnisse – das Wort im engsten und im weitesten Sinn genommen – geschaffen und ist nun am Ende mit ihrem Latein. Es herrschen die von ihr heraufbeschworenen Zustände, aber niemand wird ihrer mehr so recht froh.

Restauration ist hier noch weniger möglich als anderswo. In der unglaublichen Verengung der Perspektive auf den bürgerlichen Anstand, auf das „comme il faut", hatte die Revolution ihre Ursache, und es wäre blinder Wahn, diese Großmuttergarnituren zurückholen zu wollen wie modische Accessoires einer weitergreifenden Nostalgiewelle. Das eine oder andere Stück, das man damals trug, kann wieder modern werden, das wollen wir nicht beschwören, denn der modische Pendelschlag vermag viel. Aber wer nachdenkt, muß tiefer und gründlicher nachdenken und muß zurückgehen zu den

Quellen, aus denen es vor Jahrtausenden reichlich floß, bis ganz zum Schluß der brav gefaßte Kanal daraus wurde, das ängstliche Gewässer, an dessen Rand unsere Ahnen hochgeschlossen und zugeknöpft promenierten.

Wenn diese enge bürgerliche Welt von großen Geistern wie Nietzsche mit der christlichen verwechselt worden ist, dann muß es sich erst recht lohnen, dort nachzufragen, wo alles begann, in jenen Büchern Mose, die für den Begründer des Christentums verbindliche Wahrheit waren, die Lehre, in die er hineingeboren war und die er als Rabbi ebenso ehrfürchtig pflegte wie kühn interpretierte.

Wir wagen uns in die Welt des Alten Testaments, mit gelegentlichen Seitenblicken auf den Griechen Homer und Vorblicken auf das Neue Testament. Das eine wie das andere ist Teil unserer Überlieferung, unseres historischen Werdens, dessen, was uns über alle Kinsey-Reports der Welt hinweghebt und jene Kultur schafft, die nicht mit den Verhaltensformen der Schimpansen oder der Flamingos verglichen werden kann, weil diese, weil alle Tiere eingesperrt sind wie in den Käfigen im Zoo in das Gefängnis ihrer Natur.

Ob der Mensch ein Tier sei wie andere auch, oder etwas auf seine Weise ganz anderes, das klingt als Frage schon im Zweiten Kapitel der Genesis auf und wird dort sozusagen experimentell beantwortet. Wir fangen also, wie es sich für eine ordentliche Untersuchung gehört, bei Adam und Eva an, bei einem Text, den die meisten von uns zu kennen glauben und der doch einige Überraschungen bereithält. Berühmt ist Gottes Feststellung: „Es ist nicht gut, daß der Mensch alleine sei, ich will ihm eine Hilfe schaffen." Weniger geläufig ist, daß er es erst mit den Tieren des Feldes und den Vögeln des Himmels versucht, die er eigens zu diesem Zweck, als Gehilfen, aus Lehm bildet, aus dem gleichen Stoff also als Adam. Adam mustert die Tiere, gibt ihnen ihre Namen und weiß nicht viel mit ihnen anzufangen.

Nun erst, nach dem gescheiterten Experiment mit der tierischen Hilfe, versenkt Gott den Adam in Schlaf und bildet aus seiner Rippe die künftige Gefährtin. Dann führt er sie ihm zu. Adams Antwort ist, so kann man sagen, das erste Gott sei

Dank, ein Seufzer des Glücks, ein Aufatmen: „Das ist nun endlich Bein von meinem Gebein und Fleisch von meinem Fleisch." Es folgt die Namengebung: „Wenn er Mann heißt, soll sie Männin heißen." Ganz deutlich ist der Kontrast zur Benennung der Tiere: Deren Name bezeugt zugleich ihre Selbständigkeit, ihre eigene Art. Hier ist, in der Wortbildung und Namengebung, ebenso symbolisch angezeigt wie in der Erschaffung aus Adams Leib, daß die ideale Hilfe und mehr als sie, die Partnerin und mehr als sie gefunden ist: denn „beide werden zu einem Fleisch". Aus *einem* Fleisch genommen, werden sie zu *einem* Fleisch, in Trennung von Vater und Mutter und Wiederverbindung zu Vater und Mutter, das ist der Sinn der naiven und großartigen fünf Sätze, in denen dieses Schöpfungsdrama erzählt ist.

Ob Adam und Eva im Paradies schon einander geliebt haben, gehört zu den Streitfragen der Theologie; die Deutung des Sündenfalls als Geschlechtssünde spielt vor allem in der talmudischen Überlieferung ihre Rolle. Wir brauchen da weder zu bohren noch zu spekulieren. Der Text ist sonnenklar: Der übermütige, verwirrende Eros hat im Paradies nichts zu suchen, weder am Anfang noch am Ende. Was durch Gott begründet wird, ist nicht die *Liebe* zwischen Mann und Frau, sondern die *Ehe* zwischen Mann und Frau. Vergebens sucht man in der ganzen Geschichte von Adam und Eva nach einem Wort, das die Beziehung zwischen den beiden ersten Menschen ausdrückt; selbst die Andeutung, daß sie im Paradies nackt sind, sich aber nicht schämen, nach dem Sündenfall aber einen Schurz anlegen, besagt für unsere Fragestellung wenig. Unzweifelhaft ist nur, daß mit dem „*ein* Fleisch" auch das Wunder der – geschlechtlichen – Wiedervereinigung gemeint ist. Von der „Zusammenfügung" durch Gott spricht noch Jesus und meint ganz sicher nicht ein Ehesakrament, das es zu seiner Zeit noch gar nicht gab.

Freilich, Adams Jubel gilt nicht dem, was wir Geschlechtsakt nennen. Tiere, die sich paaren, hat er ja rundum gesehen, und es wäre kein Triumphlied wert, wenn nun auch er als *male* mit einem *female* ausgestattet würde. Was diesen Seufzer des „Endlich!" auslöst, ist das Wissen um die in der Vereinigung zurückgewonnene Einheit – wie im platonischen Mythos, der von den getrennten Hälften des ursprünglich kugelrunden Menschenwesens erzählt, die einander suchen. Hier, das ist der Unterschied, haben sie sich gefunden – oder: Gott hat sie *er*funden.

Die Erotik des Alten Testaments, um nun im Kontrast von ihr zu reden, ist so direkt, so unverblümt wie überall anderswo in primitiven und archaischen Kulturen. Sie kennt nur Begehren, Erfüllung, selten Verweigerung – *nicht* die Liebe als Sehnen, Schmachten, als Lust und Spiel, in ihrer „romantischen" Form. Der Abschnitt über den Anschlag der Frau Potiphar auf Josephs Tugend ist zwar in meiner Bibelübersetzung mit „Verführungskünste" überschrieben, aber viel Kunst wendet diese Dame im Text wahrhaftig nicht auf: „Sie sprach: ‚Lege dich zu mir hin!'", und als Joseph nicht willfährig war, legte sie Hand an ihn.

Kein Federlesens. Das zweite Buch der Könige erzählt die Geschichte von Amnon, der sich in Absaloms Schwester verliebt, sich krankstellt, um sie in sein Schlafzimmer zu locken und sie in dem Augenblick ergreift, wo sie ihm die frischgebackenen Kuchen bringt. „Komm, lege dich zu mir", sagt er mit der gleichen Direktheit, mit der Frau Potiphar ihre Wünsche äußert. Nachdem er sie dann trotz ihres Widerstrebens genommen hat, heißt es weiter: „Amnon faßte danach einen furchtbaren Haß auf sie, der größer war als ihre Liebe." Der Haß ist genau so urwüchsig, unvermittelt, unbegründet wie vorher das Begehren.

Wo nicht das Begehren durchbricht, sondern das Gesetz herrscht, wird das Mädchen ordnungsgemäß *er*worben, nicht *um*worben. Der Brautschatz kann, wie im Fall Davids bei seiner Werbung um Sauls Tochter Michal, aus hundert Philister-Vorhäuten bestehen (Saul hofft heimlich, daß David im Kampf gegen die Philister fällt!); er kann auch, wie im Fall der Werbung Jakobs um die Töchter Labans, durch Dienstleistungen abgegolten werden. Daß dabei Laban sieben Jahre Dienst zweimal kassiert, einmal für Rachel und einmal für Lea, gehört zu den Listen, die ebenso ordnungsmäßig archaisch sind wie die Werbebräuche.

Rechtlich gilt der Mann als „Besitzer" der Frau, die Frau als „Besitz" des Mannes, eben aufgrund des „mohár", des Heiratsgeldes. Von einer Hochzeitsfeier ist erst bei König Salomo die Rede, spät und höfisch. Das alles findet sein Widerspiel in den archaischen Zeiten Griechenlands, die in den großen homerischen Epen tradiert werden. Für diese Zustände, die man früher „wild", „barbarisch", „ursprünglich" genannt hat und deren Kulturordnung sich uns durch archäologische und ethnologische Forschung immer besser erschließt, ist ebenso kennzeichnend wie die generelle Geringschätzung der Frau das Hervortreten einzelner bedeutender oder besonders verlockender weiblicher Gestalten, wie es Sarah und die Richterin Deborah, oder Helena und Penelope sind.

Für das Volk des Alten Testaments kommt aber noch etwas Besonderes hinzu – etwas, was uns noch heute anhält, diese *eine* Überlieferung aus der von tausend anderen, von der Geschichte der Ägypter und Hethiter, von Kreta und Mykene, von Assur und Babylon, herauszuheben. Dieses Etwas betrifft nicht die Liebe, sondern die Treue, nicht den Eros, sondern die Ehe, oder um es mit dem charakteristischen biblischen Wort zu sagen: den Bund.

Die Folgerichtigkeit, mit der dieses eine Motiv der „berit" durch alle Bücher des Alten Bundes (ja, *Bundes*) durchgehalten wird, ist erstaunlich. Seine häufigste Verwendung scheint zunächst nur bildlich, übertragen: auf den Bund zwischen Gott und seinem auserwählten Volk. Aber je mehr man sich in die entsprechenden Stellen – vor allem bei den Propheten – vertieft, umso deutlicher springt einem entgegen, daß die Ausschließlichkeit des einen Bundes, zwischen Gott und Volk, und die des anderen, zwischen Mann und Frau, einander genau entsprechen. Auch Gott und sein Volk sind wie Adam und Eva *ein* Bein und *ein* Fleisch, und Ezechiel schildert den Bund Jahwes mit Israel als Liebesgeschichte: „Siehe, deine Zeit war gekommen, die Zeit des Liebesgenusses. So breitete ich meine Gewandzipfel über dich und deckte deine Blöße zu. Ich band mich durch einen Schwur an dich und ging eine Bundesverpflichtung mit dir ein, spricht Jahwe, und du wurdest mein."

Jahwe ist im wörtlichsten Sinne ein eifersüchtiger Gott,

und jeder Abfall von seinem Dienst ist eo ipso Ehebruch, Hurerei. „Da sie hinter ihren Liebhabern herlief, mich aber vergaß", heißt es beim Propheten Hosea. Ebendort steht der rührende Satz, für den Fall der Rückkehr zu Jahwe: „An jenem Tag wirst du rufen: ‚Mein Mann!' und nicht mehr wirst du mich nennen: ‚Mein Herr!'" (wobei anzumerken ist, daß „Herr" identisch ist mit dem Ausdruck „Baal", der zugleich die anderen Götter bezeichnet).

Der Jugendliebe, oder vielmehr der in der Jugend geheirateten, aber unvermeidlich älter gewordenen Frau die Liebe zu bewahren, sie *nicht* fortzuschicken, das ist einer der stärksten ethischen Imperative des Alten Testaments. Das eine wie das andere, das Begehren und die Treue, haben ihr gutes Recht. Es ist ja doch kein Zufall, der das sogenannte Hohe Lied Salomonis, diesen sinnlich überschwenglichen Brautgesang, in die Heilige Schrift geschmuggelt hat, und auch die geläufige mystische Deutung täuscht nicht darüber hinweg, daß hier unverblümt und unschuldig die Schönheit junger Körper gepriesen wird, in einem Triumphgesang, der an den Jubel Adams zurückdenken läßt, als ihm Eva zugeführt wird. Aber um die volle Wirklichkeit des Alten Testaments zu erfassen, muß man dieses eine Hohe Lied mit dem anderen zusammensehen, das im Buch der herangereiften Ehefrau gewidmet ist: „Ihren Mund tut sie auf mit Weisheit", heißt es da, „von ihrer Zunge kommt freundliche Weisung./Anmut ist trügerisch, Schönheit vergänglich – /Eine weise Frau, man soll sie rühmen." Ausdrücklich heißt es bei Malachias: „An der Frau deiner Jugend handle nicht treulos."

Jesus ist ganz der Wiederhersteller dieser alten, im Garten Eden begründeten Logik, wenn er ausdrücklich und nachdrücklich die Scheidung verwirft und sogar den Ehebruch nicht als Ausnahme gelten läßt. Wie bei jedem Scheidungsrecht war auch in Israel die Frau immer die Unterlegene, die Leidtragende; der Ehebrecher, zunächst als Schuldiger der Ehebrecherin gleichgestellt, kam oft ungeschoren davon. „Wer von euch ohne Schuld ist", das trifft wie ein Geißelhieb die doppelte Moral, die dem Mann sexuelle Sonderrechte einräumt. Auf der anderen Seite hebt die Schonung der Ehebrecherin in der berühmten Perikope das wahrhaft versteinerte Strafrecht der mosaischen Zeit auf, dessen Symbol die Steinigung war.

Ebenso offenkundig für den genauen Leser der Evangelien ist es, daß Jesus – um es zeitgenössisch auszudrücken – „kein Kind von Traurigkeit" war. Das erste Wunder Jesu, verbunden mit seinem ersten öffentlichen Auftreten überhaupt, ist bekanntlich die Teilnahme an dem Hochzeitsfest in Kana. Auch hier haben die Theologen später die höhere, eucharistische Deutung empfohlen, aber auch hier gibt es keinen Grund, den simplen Tatbestand wegzudisputieren. Jesus verwandelt Wasser in Wein in einem Augenblick, in dem eine gewisse Hochstimmung offenbar schon erreicht, der vom Hochzeitsausrichter vorbereitete Wein schon ausgetrunken ist. Der Herr, das darf auch der Christ sich getrauen zu sagen, wirkt hier als der Herr der Trauben, als Dionysos, und sein festliches Auftreten steht wieder in genauer Entsprechung zum Fasten in der Wüste. Viel öfter ist vom Feiern die Rede als vom Fasten, und als die Pharisäer sich entrüsten über das muntere Treiben der „Jesus people", da hält er ihnen entgegen: „Könnt ihr denn die Hochzeitsgäste zum Fasten anhalten, während der Bräutigam bei ihnen ist?" Und diesmal kein Wein-Wunder, sondern ein Wein-Gleichnis: „Niemand gießt jungen Wein in alte Schläuche; sonst wird der junge Wein die Schläuche sprengen, und er selbst läuft aus, während die Schläuche verderben." Man wird das nicht falsch verstehen wie die damaligen Gesetzestreuen, die gern aus Jesus und seinen Leuten Säufer und Hurer gemacht hätten. Da wurde kein dionysischer Mensch gepredigt oder vorgelebt. Aber dionysische Augenblicke enthielt diese Frohe Botschaft durchaus. Jesus selbst darf man sich nicht zu steril, zu geschlechtslos oder weichlich-männlich vorstellen. So hat ihn erst das 19. Jahrhundert in seine falsche und stilisierte Bravheit eingeordnet. Es bestehen wenig Zweifel, daß bei den Frauen, die ihm folgten, auch die Attraktivität dieses kräftigen, oft drastischen Predigers mitschwang; er selbst widmete ihnen die ihnen zukommende Zeit und Sympathie, mit jenem Menschen-Enthusiasmus, der ihn auch die Kinder zu sich kommen hieß, und mit jener Unbefangenheit, die aus dem jungen Johannes den Jünger machte, den „Jesus liebte".

Wir kehren noch einmal in die frühen Jahrhunderte zurück, in härtere oder finsterere Zeiten, um anschaulich zu machen, was damals Sexualität war. Es waren männerbeherrschte Zeiten; andere im Halbdunkel des Archaischen auszumachen, fällt schwer. Ich greife eine Episode aus dem Alten Testament, aus dem Buch der Richter, heraus, die der Kommentator meiner Ausgabe als „einfach scheußlich" bezeichnet. Ein offenbar junger Levit wird von seiner Frau verlassen. Er reist ihr zum Schwiegervater nach, wird dort gut aufgenommen, holt sie wieder ab und macht auf der Heimreise in dem Ort Gibea Station. Dort ereignet sich etwas, was an den Aufenthalt der Engel in Sodom erinnert: die Leute von Gibea wollen ihn, den Leviten, haben. Der Gastgeber rückt stattdessen die junge Frau heraus, die bis zum Morgengrauen so gründlich geschändet wird, daß sie tot auf der Schwelle liegen bleibt. Der Levit nimmt die tote Frau mit nach Haus, schneidet sie in zwölf Teile und schickt diese Beweisstücke an die zwölf Stämme, die darauf die Acht über Gibea verhängen und im Bundeskrieg die Stadt zerstören. Danach wird den Benjaminiten, die dem Leviten den Tort angetan haben, verziehen. Da ihre Frauen abgeführt sind, dürfen sie sich neue besorgen, durch Überfall beim Reigentanz, wie die Römer bei den Sabinerinnen.

Kriege können wegen Frauen entbrennen, weil sie offenbar unter den Besitztümern der Männer die kostbarsten sind. Der Trojanische Krieg, den Homers „Ilias" besingt, hat den Raub der Helena, der schönsten Griechenfrau, zur Ursache. Und das Epos selbst entfaltet sich am Zorn des Helden Achilleus, der wiederum dadurch ausgelöst ist, daß der Anführer des Unternehmens, der König Agamemnon, sich die Kriegsbeute des Achilleus, die „schönwangige" Briseis, einfach aus dem Zelt holt. Dergleichen wiederholt sich später im frühen Mittelalter, es ist die Übung aller Kriegerkulturen.

Was sich dann in einem langen Entwicklungs- und Verfeinerungsprozeß als Kultur oder Gesittung herausbildet, ist nichts anderes als Zurücknahme des Besitzinstinkts und Eindämmung des Begehrens, Zähmung des wilden Tiers, das an der Kette zerrt. Die Scham der Frau und die Zurückhaltung des Mannes sind erworbene Tugenden, Verhaltensformen eines sich selbst höherbildenden Menschenwesens. Unsere neue emanzipatorische Freigabe hat, wie leicht zu beobachten ist, oft den Rückfall in Brutalität und Barbarei zur Folge.

Man mag den dritten Gesang der „Ilias" lesen, um die Mechanismen des Liebesspiels in ihrer Abfolge zu sehen. (Dabei ist zu bedenken, daß die homerischen Epen zivilisatorisch schon einen gewaltigen Fortschritt darstellen gegenüber der Epoche, die sie schildern.) Helena, die Entführte, gibt sich keineswegs willenlos in die Hände des Paris, ihres Entführers. Sie protestiert, aber die Kupplerin Aphrodite, die für die Liebeserregung zuständige Göttin, macht sie mürbe, und Paris nähert sich ihr nun mit den folgenden, nunmehr unwiderstehlichen Versen:

> „Aber komm! Legen wir uns und erfreuen wir uns der Liebe!
> Denn noch nie hat das Verlangen mir so umhüllt die Sinne,
> Auch nicht, als ich dich zuerst aus dem lieblichen Lakedaimon
> Raubte und davonfuhr in den meerdurchquerenden Schiffen
> Und wir uns auf der Kranaë-Insel vermischten in Liebe und Lager,
> So wie ich jetzt dich begehre und das süße Verlangen mich ergreift!"

Sprach's, geht es weiter, „und ging voran zum Lager, und ihm folgte die Gattin". Gegen das „süße Verlangen" gibt es kein Gegenmittel, gegen den Verlangenden keine andere Wahl.

Als David König wird, verlangt er Sauls Tochter Michal, die ihm einst zugesagt worden war, für sich und läßt sie ihrem Mann, einem gewissen Paltiel, abnehmen. Von diesem Paltiel heißt es: „Ihr Mann aber ging mit ihr. In einemfort weinend folgte er ihr bis nach Bahurim." Für den großen italienischen Schriftsteller Riccardo Bacchelli war dieser eine Satz von der Trauer des Mannes der Keim für einen wunderschönen

Roman, der den Titel „Die Klage des Sohnes des Lais" trägt. Aber der Schluß der Episode führt uns wieder in die Kurzangebundenheit des Archaischen zurück. Es heißt: „Da sagte Abner (Davids Feldherr) zu ihm: ‚Mach, daß du heimkommst.' Darauf kehrte er um."

In der berühmtesten Liebesgeschichte des Alten Testaments, der von Jakob und Rachel, herrscht statt der Gewalt die List. Jakobs Onkel Laban, der ihm statt der geliebten Rachel die weniger schöne Tochter Lea anhängt und ihn um Rachel weitere sieben Jahre dienen läßt, ist ein ausgemachtes Schlitzohr. Aber im Dienst des Jakob selbst, in den zweimal sieben Jahren, die er Rachels wegen ohne Lohn dem Laban untertan ist, ist doch etwas Rührendes enthalten, das auf spätere „Liebesdienste", auf den Minnedienst verweist. Und an den oft lakonischen und lapidaren Stil dieser alten Schriften gewöhnt, liest man bewegt den fast märchenhaft klingenden überschwenglichen *einen* Satz: „So dient denn Jakob um Rachel sieben Jahre; sie kamen ihm bei der Liebe, die er für sie fühlte, wie wenige Tage vor."

Keusche Zurückhaltung, Hintanstellen des Begehrens, Mäßigung und Güte, das ist die Lehre des Buches Ruth, das so kurz ist wie eine Novelle. Ruth, die Moabiterin, muß versorgt werden, und sie legt sich im Brautgewand, als Anwärterin, dem Boas zu Füßen. Die Spekulation der Noemi, der Mutter der Ruth, geht auf: Boas ist zu edel, zu gerecht, um das wehrlose Mädchen an sich zu nehmen. Er regelt alles nach dem Gesetz, und die Ausländerin, die Schutzlose, wird Boas' Frau. Das sind Exempla einer höheren Moral, auch eines feineren Taktes, eines weniger drauflosstürmenden Verhaltens. Durchaus vergleichbar ist die Stelle im 19. Gesang der „Ilias", wo Agamemnon schwört, daß er die Briseis, die er dem Achilleus abgenommen hat, nicht berührt hat:

> „Ist aber davon etwas falsch geschworen, mögen mir die Götter Schmerzen geben,
> Sehr viele, so viel sie geben, wenn schwörend einer an ihnen frevelt."

Was soll man schließlich von der Odyssee sagen, diesem zweiten homerischen Gedicht, in dem der Trojanische Krieg nur im Hintergrund rumort, den Vordergrund dagegen die wechselnden Abenteuer des Odysseus füllen und nur ein einziges Motiv und Moment das Auf und Ab der Geschehnisse zusammenhält – der ununterdrückbare Wunsch und Wille des Odysseus, heimzukehren ins heimatliche Ithaka und zur zwanzig Jahre wartenden Ehefrau Penelopeia? Die, ihrerseits belagert von Heiratskandidaten, denen es um den schönen Besitz geht, hält in Treue aus, wehrt sich mit List gegen das anbrandende Männerverlangen.

Die Odyssee, mag man es nun gerne hören oder nicht, ist ein Loblied auf die eheliche Treue, und das Abenteuer des Odysseus bei der Zauberin Kirke, die ihn eine Zeitlang an sich bindet, tut dem keinen Abbruch. Sie endet mit einem Happy-End, mit der Wiedervereinigung der Getrennten, mit der Wiederherstellung der Familie, und, was unbedingt dazu gehört, mit dem Ende des Mordens. Zeus selbst dekretiert:

Wir hingegen verfügen: Der Mord an den Söhnen und Brüdern
Sei nun vergessen! Sie sollen einander lieben wie früher;
Wohlstand aber und Fülle des Friedens herrsche bei ihnen!

Wir wissen, das gehört zu unserer menschlichen Endlichkeit: Nichts ist endgültig, auch nicht dieser ausgerufene Friede, auch nicht diese wiederverbundene Ehe. Aber es hat seinen tiefen Sinn, daß neben die Tragödie das Glück des Findens und Wiederfindens gesetzt ist. Agamemnon, der Räuber der Briseis, kommt nach Haus aus dem männermordenden Krieg und wird von seiner Ehefrau Klytemnaistra umgebracht. Odysseus kommt nach Hause und bringt die Werber um seine Frau um, um das Reich des Friedens wieder herzustellen. Unzählige Geschichten nach dieser werden damit enden, daß Liebende nach allen ausdenkbaren Schwierigkeiten und Überwindung zahlloser Hindernisse am Ende einander in die Arme sinken, zur Freudenfeier und Hochzeit. Wie Adam könnte dann der Liebende rufen: „Das ist nun endlich Bein von meinem Gebein und Fleisch von meinem Fleisch." Die glückliche, die dauerhafte Ehe ist ein Stück jener Utopie, von der wir träumen und der wir, wenn wir klug sind, näherkommen können.

Neuntes Kapitel:

Rückblick II
Der platonische Eros

Indem wir nun endgültig den Schritt von den Juden zu den Griechen tun, stoßen wir sogleich auf den Zentralbegriff, der diesem Versuch den Titel gegeben hat: auf den des Eros. Das Wort ist von Haus aus so unfeierlich wie manche andere giechische Wörter, die dann später hochstilisiert wurden, Mythos etwa; es heißt „Liebe, Lust, Verlangen, Begierde", das also, was Freud mit dem Terminus *libido* ins Lateinische gewandt hat. „Eráo" heißt „ich liebe", „erástes" ist der Liebhaber. Wir wären mitten im sprachlichen Alltag, wenn dieser *eros* kleingeschrieben sich nicht unversehens in *Eros* großgeschrieben verwandeln könnte, aus einem Alltäglichen in etwas Göttliches. Bei dem Philosophen Parmenides heißt Eros geradezu „der erste der Götter", und bei dem Dichter Hesiod ist er *Theós palaiótatos,* der älteste Gott.

Bemerkenswert ist nun, daß dieser Alt- und Urgott nicht zur olympischen Götterfamilie gehört, zu der uns vertrauten Reihe der Zeus und Ares, Hera, Aphrodite, Poseidon, Hermes, Hephaistos. Es umwittert ihn trotz seines hohen Alters etwas Fragwürdiges, Anrüchiges. Von den Olympiern unterscheidet er sich schon durch das Sprechende seines Namens, er könnte eine Personifikation sein, ein veranschaulichter Begriff, wie „Furcht" und „Hoffnung", die bei den Griechen ebenfalls zu göttlichen Wesenheiten, blassen allerdings, aufrückten.

Die archaische Zeit jedoch, in der Eros vergöttlicht wurde, erlebte noch die Mächte, die Kräfte in Angst und Verzückung, in Hingerissenheit, ja Verhextheit und Besessenheit. Es überkam sie gewaltig, Eros war jemand, aber nicht so sehr ein Bild als eine Macht. So hat ihn später Platon, mit unermeßlichen

Folgen für die Nachwelt, in seine Philosophie eingeordnet. Aber der platonische Eros, so wichtig er für uns als Ahn- und Schutzherr europäischer Ereignisse und Entwicklungen ist, muß aus der griechischen Perspektive eher als ein Spätprodukt betrachtet werden – *nach* jener frühhellenischen Theologie, die von den Dichtern Homer und Hesiod begründet worden ist.

Bei Hesiod haben wir es mit einer Welt- und Menschen-Entstehungslehre zu tun, wie in der Genesis, und siehe da, ganz an ihrem Anfang erscheint schon die göttliche Kraft des Eros:

Wahrlich, zu allererst entstand
Die gähnende Leere des Chaos,
Alsdann aber Gaia, die Erde, mit ihrer breiten Brust,
Fort und fort sicherer Sitz von allen
Den Unsterblichen,
Die innehaben die Gipfel des schneebedeckten
Olymp,
Und der dunstige Tartaros
Abseits, drinnen in der weitstraßigen Erde,
Und Eros, der der schönste ist
Unter den todfreien Göttern, der gliederlösende;
Aller Götter und aller Menschen
Sinn und verständige Absicht
Bezwingt er in ihrer Brust.

Diese Verse haben den Griechen so ins Ohr geklungen wie unser „Am Anfang erschuf Gott Himmel und Erde"; wir befinden uns mitten in griechischer Theologie, d. h. im Nachdenken über das Göttliche, und da erscheint Eros nicht etwa brav gesellt den anderen Gotteskräften, sondern – zeitlich und machtmäßig – *vor* allen anderen. Er ist auf bestimmte Weise allen, Göttern und Menschen, überlegen, und wir brauchen, um dies zu verstehen, eine präzisere Übersetzung von Eros als die bisher angebotenen. Wir sagen: Eros ist das Liebesverlangen, oder noch deutlicher: die Zeugungslust und die dazu gehörige Zeugungskraft.

Gehen wir davon aus, daß das griechische Denken immer den Anfang sucht, die *arché,* das Prinzip alles Werdens, so liegt es nahe, den Ursprung in einer göttlichen Zeugungslust zu sehen, der alles in ewigem Drange gehorcht, die Pflanzen, die Tiere, die Menschen und sogar die Götter, die auch er-zeugt sind, wenn auch un-sterblich. Alle Werdegeschichten sind Zeugungsgeschichten, Geschichte selbst ist Genealogie (wie auch in den Stammbaumreihungen des Alten Testaments). Als das griechische Theologisieren hinüberwirkt in den jüdischen Monotheismus, da zeugt Gott Vater Gott Sohn, der „gezeugt, nicht geschaffen, eines Wesens mit dem Vater" ist.

Darum ist der Eros keiner der Götter des Olymp, sondern eine der Anfangspotenzen wie Chaos, Erde und Tartaros. Darum heißt es ausdrücklich, daß er allgewaltig ist, daß er den Sinn und Verstand von Göttern und Menschen bezwingt, nämlich verwirrt, daß er eben in diesem Sinne „gliederlösend" ist, nämlich die körperlichen Verteidigungsbarrieren wie durch Zauber wegräumt, so daß, wer sich wehren wollte, sich selig fallen und gleiten läßt.

Der Gedanke des Hesiod läßt sich weiterverfolgen zu den frühen Denkern, die wir Philosophen nennen. Wir wollen uns nicht in Einzelheiten verlieren, nur den großen Weltentwurf des Empedokles nennen, der Liebe und Streit als die Urkräfte definiert, die in Sonderung und Vereinigung alle Erdendinge bestimmen. Eros, der Glieder*lösende*, ist hier zugleich der Zusammenfüger. Die geschlechtliche Vereinigung verkörpert auf die gleiche Weise als Urphänomen die harmonische Einheit des Menschengeschlechts wie in der Schöpfungsgeschichte des Alten Testaments.

So kann am Ende in der Philosophie des Aristoteles jener große Gedanke sich verwirklichen, daß Gott, der unbewegte Beweger, aus Liebesneigung die Welt bewegt. Im christlichen „Gott ist die Liebe" schwingt das weiter, nur daß diese Liebe nicht mehr Eros heißt.

Um ganz deutlich zu machen, wer dieser Eros ist, soll er jener anderen göttlichen Gestalt gegenübergestellt werden, die später, von den zierlichen Griechen der hellenistischen Zeit, zu seiner Mutter erhoben wurde: Aphrodite. Aphrodite ist gewissermaßen die Gegenpotenz: der *weibliche* Verführungszauber, die *Einladung* zur Zeugung, die Bestrickung *ohne* Gewalt, so wie der Zeugungsdrang von Haus aus gewalttätig ist. Eros, so sagt es Sappho in einem der uns überlieferten Fragmente, bricht ein, wie der Sturmwind über den Eichenwald kommt, oder, wie Archilochos sagt:

Wieder schlug mich
Mit der Wucht des schweren Hammers Eros,
Wie ein Schmied...

Aphrodite besorgt das, was Homer die „erga gamoia" nennt, die lieblichen Werke der Paarung, und es ist ein Symbol ihrer befruchtenden Wirkung, daß unter ihrem Fuß die Gräser und Blumen aufsprießen. Sie ist die Fruchtbarmachende schlechthin, die Frühlingsgöttin im elementaren Sinne, und so ergänzt sie zärtlich-weiblich die wilden Werke des Eros, des Unterjochers.

Diesem Paar stellen wir kurz noch einmal die Botschaft des Alten Testaments gegenüber. Im tausendjährigen Ringen der Priesterschaft und der Propheten mit dem jüdischen Volk, seinen Bräuchen und Verführbarkeiten, hat die Heilige Schrift den Götterhimmel der Baale und Astarten, der Fruchtbaren und Liebesspender, weggeräumt, und nur den einen höchst eifersüchtigen Jahwe und die eine Braut, das Volk Israel, übriggelassen. Unzucht ist alles, was außerhalb dieses Ehebundes geschieht. Der Fruchtbarkeitswille aber, die Zeugungslust, ist ganz auf dieses Gottesbündnis konzentriert und in der Verheißung aufgehoben, daß der Same Abrahams fruchtbar sein wird und seine Nachkommenschaft zahlreich wie der Sand am Meer.

Für unsere Fragestellung ist wesentlich, daß der gewaltige Eros der Griechen nicht ins bürgerliche Leben eingeordnet war. Die griechischen Bräuche mögen andere gewesen sein als die unseren, aber sie waren generell nicht freier. Auch die Ausgelassenheit hatte ihren genau bestimmten Platz, als zeitweilige Freistellung, als festlicher Überschwang, dem der Alltag unerbittlich geregelt folgte. War Eros die zusammenfügende Urkraft, so war er gewiß schöpferisch, wirkte befruchtend in die Musik, den Tanz, die bildenden Künste hinein.

Aber als Liebesverlangen, im Menschen so gewaltig und unaufhaltsam anschwellend wie der Zorn, war er schlechthin zerstörerisch, so wie es der größte tragische Dichter der Griechen, Sophokles, in der „Antigone" ausgesagt hat:

Eros, Allsieger im Kampf,
Eros, der auf Beuten du stürzest,
Auf sanfter Mädchenwange nächtigest,
über die Meere schweifst du
Und über der Felder Gehöfte,
Der Unsterblichen keiner
Noch der tagwährenden Menschen
Entrinnt dir, und in welchen du kommst,
Der raset.

Unsere sogenannte Verliebtheit ist noch ein blasser Schatten dieser alten Vorstellung von blinder, „verblendeter" Leidenschaft, die gar nichts anderes mehr kennt als das Habenwollen – auch um den Preis der Zerstörung des Geliebten und der Selbstzerstörung. Gelegentlich, wenn wir in den Nachrichten lesen von Eifersuchtsbluttaten, von gemordeten, mit in den Tod genommenen Kindern, dürfen wir uns an den so gar nicht kulturwilligen, kulturspendenden Eros der Alten, an den triumphierenden, goldgeflügelten Machthaber erinnern.

Nur auf einem Umweg ist dieser Eros kulturschöpferisch: indem er als Urheber der Katastrophe, als Leidbringer, als Schicksalsmacht die Tragödie, das Klagelied, die Lyrik der Trauer und Einsamkeit hervorbringt. Er ist das Unglück, das produktiv macht, das Verhängnis, das Sinn stiftet, das Schicksal, das, indem es erkannt wird, überwunden werden kann. Ohne den Schmerzensspender Eros wäre das größte lyrische Wunder der Antike, das Werk der Sappho, nicht denkbar.

Eben dieser verhängnisbringende Eros ist die Voraussetzung für die Umdeutung Platons, eine neue, produktive, Ethos setzende und damit Kultur stiftende Wendung, die der große Philosoph auf der Spur seines Lehrers Sokrates vollzogen und verkündet hat – im „Symposion", dem Gastmahl, und in dem Dialog „Phaidros", dessen Gegenstand das Schöne ist.

Will man Platons Tendenz in einem Bild fassen, so ist es der bewußte Versuch, etwas so Stürmisch-Zerstörendes wie die Gewalt von Sturzbächen und anschwellenden Flüssen in nützliche Energie umzusetzen, aus wilden Trieben die Triebkraft des Guten, Schönen, Edlen zu gewinnen. Es ist in der Geschichte der Menschheit der erste gedankliche Ansatz zu einer solchen Sublimierung – ganz weit entfernt etwa von den buddhistischen Verneinungen, auch von dem, was man so im Sprachgebrauch „platonische Liebe" nennt, die vom Sinnlichen absieht zugunsten irgendwelcher Seelenwerte.

Daß Platon diesen Versuch unternahm, ist nur zu verstehen und zu begründen aus der Kenntnis eines spezifisch griechischen Phänomens, einer Einrichtung, dürfen wir beinahe sagen: der Knabenliebe. Natürlich ist die Vorstellung absurd, ein ganzes Volk oder eine ganze Schicht sei in einer bestimmten Epoche homosexuell gewesen. Aber ebenso sicher ist, daß der besondere Fall der Knabenliebe, der *paiderastía*, von den Zeitgenossen nicht als Laster, sondern als Sitte empfunden wurde: das „Verhältnis" nämlich zwischen einem Älteren, einem Mann, und einem Jungen, der nicht mehr Kind war und noch nicht Mann, dem eben erst der Flaum zu sprießen begann. Wir können uns den Ursprung militärisch, männerbündisch vorstellen, aus Waffengemeinschaften zwischen Kriegern und ihren Knappen. Auch die Nacktheit beim Sport hat dazu beigetragen, hat erotische Atmosphäre geschaffen.

Das eigentlich Griechische an der Sache war die ästhetische Grundierung, ein Schönheitsbedürfnis, das den Körper glorifizierte und in der Körperwelt der reinen Linie den Vorzug gab vor dem Volumen, der Knabenhaftigkeit vor der Fülle und Rundung. Bei Homer kündigt sich diese Eigenart noch nicht an, aber wenig später tritt sie so explosiv hervor, daß sie zum Beispiel auf der Insel Lesbos eine ausschließlich weiblich profilierte Gegenkultur hervortrieb, deren Symbol für uns die ihre Mädchenfreundschaften kultisch pflegende und lyrisch besingende Sappho bleibt.

Trotz allem: die Päderastie war und blieb bei aller Landesüblichkeit eine fragwürdige, mindestens zweischneidige Angelegenheit. Sie war einerseits ästhetisch verklärt als Brauchtum der aristói, der „Besten", und sie war anderseits als unmoralisch zu tadeln, sie war gesetzlich verboten, was ihre sexuelle Komponente anbetraf. Eben jener Platon, für den die Päderastie der Ausgangspunkt seiner Liebestheorie war, verurteilt im ersten Buch der „Gesetze" die Liebe zwischen Männern als „widernatürliche Unzucht" und tadelt den Mythos, der Zeus den schönen Knaben Ganymed als Mundschenk für den Olymp rauben läßt.

Viele griechische Autoren sind voll des Rühmens für die nicht sinnlich befleckte Liebe zwischen älteren und jüngeren Männern; Xenophon und Plutarch versichern uns, daß in Sparta sexuelle Verirrungen zwischen Mann und Knabe so verpönt gewesen seien wie Unzucht zwischen Eltern und Kindern, und sogar die berühmte „Heilige Schar" der Thebaner, die aus lauter Liebespaaren bestand, wird durch das Wort des Makedonenkönigs nach der Schlacht von Chaironeia gerechtfertigt, der sie im Tod vereint und umschlungen liegen sieht: „Elend sollten jene verderben, die vermuten, diese hätten irgend etwas Schändliches getan oder geduldet." *Honni soit qui mal y pense.* Sie waren Liebespaare, aber rein. In uns aufbewahrten Versen aus der verlorenen Tragödie des Aischylos „Die Myrmidonen" klagt Achill um den verlorenen Freund Patroklos und spricht von „deiner Schenkel frommer Gemeinschaft". „Eusebes", „fromm", so steht es ausdrücklich da und entrückt solcherart Liebe unserem späten Verständnis.

Aber wie fromm, wie kultisch gerechtfertigt auch immer, es blieb das Problem, die im Tiefsten gefühlte Unnatürlichkeit der Verbindung, die sich für ein archaisches Empfinden weniger in der Art der Verbindung als in ihrer Unfruchtbarkeit äußerte. *Dieser* Eros ließ nicht zu, was geradezu Sinn alles Liebesverlangens war: die Zeugung. Genau an diesem Punkt setzt Platon in jener berühmten Rede ein, die er im „Symposion" einer höchsten, selbst die sokratische noch übersteigenden Autorität in den Mund legt: der Seherin Diotima. Ich muß den Text dieser Rede wenigstens zum Teil zitieren, um die gedankliche Anstrengung des Platon und seine kühne, in gewissem Sinne künstliche Theorie zu illustrieren.

So spricht Diotima: „Es muß nämlich derjenige, der in rechter Weise an diese Sache herangeht, schon als junger Mann zu den schönen Leibern gehen, und zwar muß er, wenn ihn sein Führer in der richtigen Weise führt, zuerst *einen* schönen Leib lieben und in diesem schöne Reden zeugen. Dann aber muß er erkennen, daß die Schönheit eines beliebigen Leibes derjenigen anderer Leiber verschwistert ist und daß, wenn er das Schöne der Gestalt verfolgt, es große Unvernunft ist, nicht die Schönheit *aller* Leiber für ein und dieselbe zu halten. Nach dieser Erwägung muß er aller schönen Leiber Liebhaber werden, in der heftigen Begierde nach einem einzigen aber nachlassen . . .

Danach aber muß er die Schönheit in den Seelen höher einschätzen als die des Körpers, so daß es ihm auch genügt, wenn jemand von edler Seele ist, sei er auch von wenig blühendem Ansehen; ihn wird er lieben und hegen und in ihm solche Gedanken zeugen, die junge Menschen besser machen. So fühlt er sich genötigt, weiter zu gehen und auch in den Taten und in den Gesetzen das Schöne zu erblicken und zu erkennen, daß alle Schönheit miteinander verwandt ist, und so wird er die körperliche geringachten. Von den Taten muß man ihn zu den Erkenntnissen führen, damit er auch deren Schönheit erkennt und nun, im Anblick der Fülle des Schönen, nicht mehr der Schönheit am einzelnen knechtisch dient, Gefallen findend an der Schönheit eines Knaben oder irgendeines Menschen oder irgendeines Tuns, und dadurch minderwertig und kleinlich wird, sondern dem weiten Meer des Schönen zugewandt soll er es anschauen und viele schöne und erhabene Reden zeugen und Gedanken im unermüdlichen Streben nach Weisheit, bis er, gekräftigt und gereift, eine einzige Erkenntnis erblickt: die des Schönen . . ."

Das ist ein kleiner Auszug aus einem langen und bedeutenden, gedankenschweren Text, aus dem wir einige Punkte herausheben und einige Schlüsse ziehen:

1. Der natürliche Ausgangspunkt dieser philosophischen Stufenlehre ist die Knabenliebe.
2. Auf der untersten Stufe, in der Liebe zu einem einzigen schönen Leib, ist das Ziel: schöne Reden zu zeugen.

Anders ausgedrückt: Eben weil in der Knabenliebe physische Zeugung nicht statthaben kann, tritt eine höhere, „geistige" Zeugung an ihre Stelle. Der Liebhaber er-zeugt im Geliebten edle Beredsamkeit.

3. Die heftige Begierde nach einem einzigen Leib ist unedel, kleinkariert, knechtisch, sozusagen die Freude an einem Groschen statt an einem Schatz.
4. Die erste Aufstiegsstufe ist die Liebe zu allen schönen Körpern, also ästhetische Bewußtheit anstelle verblendeter Leidenschaft.
5. Die nächste, entscheidende Stufe scheint uns eher ein Sprung als ein Schritt – nicht so für griechisches Empfinden: die Liebe zur schönen Seele, auch wo der Leib zu wünschen übrigläßt.
6. Die weiteren Aufstiegsschritte führen für unser Gefühl immer stärker ins Abstrakte, für Platon immer mehr in die Fülle, in den Reichtum der Urformen, und es fällt das herrlich-anschauliche Wort vom „Meer des Schönen", von einem unübersehbaren Glanz, einer ewigen Herrlichkeit, zu der in aufsteigender Folge erst die menschlichen Taten gehören, dann die regelnden Gesetze, und schließlich, an ihrem Gipfel, die Erkenntnis – nicht als Verstandessache, sondern als mystische Schau. „*Schau* alle Wirkenskraft und Samen", heißt es im ersten Faust-Monolog, „und tu nicht mehr in Worten kramen."
7. Auch auf dieser höchsten Stufe wird noch einmal gezeugt: „Gedanken in unerschöpflichem Weisheitstriebe". Da ist noch einmal das Verlangen, der Eros als Urprinzip der schöpferischen Welt, aber er richtet sich auf das höchste aller Güter, auf die beseligende Schau der Wahrheit, vollzogen im Liebesakt zur Weisheit, in der Philosophie. „Weisheitsliebe", das ist ja der Sinn des Wortes „Philosophie", ist in diesem Sinne nichts Dünnblütiges für Intellektuelle, für Professoren auf dem Katheder, sondern schließt eine gleichartige, nur höher geartete Leidenschaft ein wie die, die der Knabenliebhaber für seinen Liebling oder der Pferdeliebhaber für seine Züchtungen hat. Es steht eine intellektuelle Leidenschaft dahinter, die den gezeugten

Gedanken dem gezeugten Kindlein turmhoch überordnet. Das „Wort vom Wort" des Johannes-Evangeliums ist wie ein Echo davon oder wie ein feierliches Siegel darauf.

Schon nach diesem ersten kurzen Überblick dürfen wir behaupten, daß hier, in der platonischen Eroslehre, zum erstenmal in gedanklicher Konstruktion und zur praktischen Anwendung etwas entworfen worden ist, das Bändigung der Sexualität durch Veredelung der Erotik zum Ziele hat. Der Eros, die allgewaltige Zeugungslust, bringt auf der höheren Stufe nicht mehr Kindlein eins nach dem anderen hervor, sondern in großartiger Steigerung Worte, Gedanken, Taten, Kunstwerke und als höchstes göttliche Schau.

Die Schönheit, in den archaischen Zeiten das Lockmittel der Besitznahme, bleibt oder wird nun so etwas wie die Zündung für den anspringenden Motor, der das Flugzeug hinaufträgt zum Ideenhimmel. Die Knabenliebe ist der ideale Startfaktor, weil ihre sinnliche Befriedigung schon als solche gemein ist.

So wie im bürgerlichen Leben Athens die hübschen Knaben von eigenen Knabenführern, Pädagogen, behütet wurden, damit sie nicht den Knaben*ver*führern in die Hände fielen, so führt Platons pädagogischer Eros die jungen Männer in die Welt der ewigen Werte, in großes Denken, edles Handeln, seligmachende Schau ein. Die Formel lautet: Eros nicht mehr als Vergewaltiger, sondern als Erzieher. Liebe wird nicht mehr gewährt im schnellen Nachgeben oder in sinnlicher Entflammtheit, sondern als verheißender Lohn zurückgehalten. Schönheit ist Tugendsporn, Begierde Stachel, indem sie sich nicht in der Erfüllung erschöpft.

Die griechische Hochkultur, ihre Strenge, ihre Würde, ihre unnachahmliche Anmut haben etwas mit dieser Zurücknahme, dieser Triebbändigung, dieser Rangordnung von Leben und Geist zu tun. Die Nacktheit griechischer Statuen ist von der Begierde gereinigt. Sie ist nicht steril, geschlechtslos, keusch im Kirchenvätersinne, sondern rein durch das Ausschließen aller Zweideutigkeit, Lüsternheit, Gewöhnlichkeit. Diese Gestalten wissen so wenig wie Adam und Eva im Garten Eden, daß sie nackt sind. Sie haben auf ähnliche Weise Maß gesetzt wie die radikale Bildlosigkeit des Alten Testaments. Dem „keine Bilder" des einen stehen die „reinen Bilder" der anderen gegenüber.

Freilich, diese griechische Klassik ist historisch nur ein Augenblick, ein einziges Jahrhundert, auf wenige Landstriche beschränkt, ein Wunder, ein einmal geratenes Modell viel mehr als ein Dauerzustand oder ein Volksalltag. So wie das Volk Israel selten fromm war und meist den Baalen diente und Unzucht trieb, so widmete sich die vermögende Schicht der Hellenen gern dem Spiel mit Knaben und Hetären und trieb es immer bunter, je reicher sich die mittelmeerische Zivilisation in Ost und West, von Rom und Karthago bis Alexandria und Antiochien, entfaltete.

Was da in den Jahrhunderten vor und nach der Geburt Christi geschah, ist nichts anderes als die volle Entfesselung des Eros und der Aphrodite in all ihren Gestalten. Die nette Idealverbindlichkeit, die Schiller, Heine oder Hölderlin der antiken Sinnenfreude zuschrieben, ist von der Geschichtswissenschaft unbarmherzig korrigiert worden. Der Eros brach zwar nicht mehr so urgewaltig herein wie in der archaischen Zeit, Helden wie Bäume fällend, aber er blieb der unterjochende Daimon, der große Blender und Verwirrer, in einer Genußkultur, welche die Liebe als Leckerbissen, als erstklassiges Konsumgut schätzte und die Rechnung dafür mit dem Verfall der bürgerlichen Wertbegriffe bezahlte.

Was *wir* in den letzten Jahrzehnten mit brutaler Deutlichkeit erfahren haben: daß die Befreiung der Geschlechtlichkeit, der Sex, keineswegs ein abgeklärtes Gleichmaß herstellt, sondern viel eher eine allgemeine Süchtigkeit nach der immer stärkeren Droge und der immer größeren Dosis, das hat auch die griechisch-römisch-orientalische Mischkultur durchprobieren müssen: sie war „oversexed". Nur darum, nur als Reaktion darauf, wurde, etwa in den Gruppen der Essener, zum erstenmal das Experiment des enthaltsamen und ehelosen Zusammenlebens gewagt.

Die alternative Lebensform wurde versucht, aber im Unterschied zu heute umfaßte die Kulturabsage, die Große Verweigerung, auch das Geschlechtliche. So trat der ins härene Gewand gekleidete Täufer dem Herodes und seiner Buhle entgegen, und so prägte Jesus von Nazareth seinen Satz: „Ich aber sage euch, jeder, der eine Frau auch nur begehrend ansieht, hat in seinem Herzen die Ehe gebrochen." Dieser neue Rabbi, den seine Jünger als Messias erkennen, greift eine der antiken Spottfiguren, den Eunuchen, heraus, um an ihm das ganz andere, das Absolute und scheinbar Absurde des Anspruchs, zu demonstrieren. Es gibt, so sagt er's zum ungläubigen Erstaunen seiner Zuhörer, Impotente von Geburt an, Verschnittene durch menschlichen Eingriff und „Verschnittene" – in Anführungszeichen zu lesen – um des Himmelreiches willen. Und er fügt hinzu: „Wer es fassen kann, der fasse es!", so das tatsächlich kaum Faßbare der Botschaft andeutend.

Wie viele Sätze Jesu ist auch dieser die drastische Fassung eines nicht mit solcher Radikalität gemeinten Gedankens. Selbstkastrierung, wie sie in manchen orientalischen Kulten neben vielen anderen Absonderlichkeiten vorkam und wie sie auch in den Köpfen frühchristlicher Radikaler spukte, war gewiß das letzte, was ihm vorschwebte. Er war im Dickicht jüdischer Gebote und Verbote von erfrischender Natürlichkeit. Es hat ja auch niemand sich ein Auge ausgerissen, wenn es ihn ärgerte, und wie anders hätte das Auge seinen Besitzer ärgern können als dadurch, daß es sich erotisch festsah an einem schönen Gegenstand? Aber wie immer der Satz vom Verschnittenen um des Himmelreiches willen auch gemeint war, er hob jene platonische Zeugungslehre auf, die den Geschlechtsakt auf die höchste Stufe des Geistigen erhoben hatte. Der Platonismus selbst, später, seit dem 2. nachchristlichen Jahrhundert, so etwas wie eine Religion der Gebildeten, hat sich immer mehr von einer Stufenlehre zu einer dualistischen verändert, in der der Leib, nach Platons Wortspiel, nur ein Gefängnis der Seele war und also abzutun zugunsten der sich von ihm ablösenden Seele. So verblaßte der platonische Eros zur reinen Seelenliebe, bei der garantiert nichts passierte, zu jener blassen Tugendhaftigkeit, die nach der Epoche Goethes das Biedermeier und die darauf folgenden Jahrzehnte erbaute und den alten Eros in jene Kerkergelasse verbannte, aus denen Nietzsche und Freud ihn am Ende des Jahrhunderts befreien wollten, nicht ahnend, welchen Gefangenen sie da ins Freie ließen.

Zehntes Kapitel:

Rückblick III
Minne

Die „Sinnenfeindlichkeit" oder „Leibfeindschaft", die von den Wegbereitern der sexuellen Revolution ihrer bürgerlichen Umwelt vorgeworfen wurde, stammte, so vor allem das von Nietzsche vorgetragene Argument, aus der jüdisch-christlichen Tradition. Die Verteidigung der Keuschheit, der Einehe und Dauerehe war Obskurantismus, ein noch nicht bereinigter Aberglaube. „Die Predigt der Keuschheit bleibt eine Aufreizung zur Widernatur", schrieb Nietzsche in seiner Streitschrift gegen Wagner aus Anlaß des reinen Parsifal.

Wie wir gesehen haben, liefern die Evangelien für diese Polemik keine Belege. Jesus selbst ist souverän, im Umgang mit Frauen wie im Umgang mit Pharisäern. Er verkürzt souverän die Schuldgrenze beim Ehebruch vom Faktum zum Begehren hin (zum Eros, würde das griechisch heißen), aber er hebt ebenso souverän das legitime Steinigungsurteil gegen die Ehebrecherin auf. Er verkehrt mit „Sündern", was Personen mit lockerem Lebenswandel meint, und er wagt ein so leicht uminterpretierbares Wort wie das, den Reinen sei alles rein. Mit aufreizender Unbekümmertheit setzt er sich über Einzelgebote und Einzelverbote hinweg.

Warum also dann der Rückfall ins Gesetz, der paulinische Sündenkatalog, die Verpönung des Geschlechtlichen bis in die Ehe hinein? Warum das Gehämmer und Gedröhne der Moralstandpauken in den Paulusbriefen? Die pausenlosen Ermahnungen der Gemeinden zur Ehrbarkeit? Legt sich da nicht ein neuer Schatten auf die von Jesus ins Licht der Erlösung gerufene Welt?

Auf solche Fragen gibt es nur eine nüchterne, eine

ernüchternde Antwort: Wunderheilungen, Bekehrungen können am einzelnen vollzogen werden, nicht an ganzen Völkern und Epochen. Was sich seit der hellenistischen Zeit in der Antike angebahnt hatte – der Verfall der Vätersitte, die Lockerung der Moralbegriffe, das Vordringen auch religiös sanktionierter „Unzucht" in den orientalischen Kulten, die sich ausbreitende Genußsucht in einer zugleich wohlhabenden und maßstablosen Welt – das war nicht durch Halbenthaltsamkeit, durch laue Kompromisse zu bekämpfen, sondern nur durch Drogenentzug, durch den totalen und radikalen Gegenkurs.

Für das frühe Christentum ist es höchst charakteristisch, daß es die Dämonen, die Jesus selbst mit einem Machtwort in eine Schweineherde gebannt hatte, aus jedem Winkel hervorlugen sah, etwa so, wie wir die Welt voller Viren und Bakterien sehen, voller widerwärtiger Keime des Unheils. Wer der Droge – einer allenthalben überschwappenden Libertinage – entgehen wollte, konnte sich nicht aufs Paktieren verlegen. Das war als Erfahrung den jungen Gemeinden gegenwärtig, und das mußte ihren neuen Mitgliedern immer wieder eingeimpft werden.

Zwei Vergleiche sind für diese Gemeindeerziehung konstituierend geworden, beide uns noch geläufig aus den Paulusbriefen: der Sportvergleich und der Militärvergleich. „Askesis" ist das eine Kennwort. Es heißt Training und meint, daß es ohne die selbstauferlegte Verpflichtung des Sportlers nicht geht, daß nur der Enthaltsamkeit die Medaille winkt. Die „militia Christi", der Militärdienst, ist die andere Metapher, bei Paulus in das Bild des Anlegens der Rüstung und der Ausstattung mit den zugehörigen Waffen gekleidet. Ins Moderne übersetzt: Der Christ soll sich im Trikot des Hundertmeterläufers oder in der Uniform des Panzersoldaten sehen. Das Christentum übernimmt vom Militär die Nachtwachen, die Vigilien, und ersetzt die Stundenlosung bei der Wachablösung durch das Stundengebet.

Selbstverständlich haben die frühen Christengemeinden in ihrem Selbstverständnis, ihrem Missionarstum und ihrer Abwehrhaltung eher den „Zeugen Jehovahs" geähnelt als den etablierten katholischen oder evangelischen Kirchen von heute, in denen zwar der Klingelbeutel umgeht, aber kaum mehr jener Böse, den die Mahnung meint: „Brüder, seid mäßig und haltet Wache, denn euer Feind, der Teufel, streift wie ein brüllender Löwe umher und sucht, wen er verschlinge." So standen neben den Kirchen bald Wachttürme, auf ihnen der Hahn als der morgenfrühe Wächter, und vor dem Eingang hielten gute Löwen den bösen Schleicher *diabolus* ab. So sangen die Mönche im Abendhymnus:

Procul recedant somnia
Et noctium phantasmata,
Hostemque nostrum comprime
Ne polluantur corpora.

(Fern mögen die Träume weichen und die Phantome der Nacht. Unterdrücke unseren Feind, damit die Körper nicht befleckt werden.)

Es wäre ebenso töricht wie zwecklos, dieses Zähnezusammenbeißen, diese Stachelhaltung, oder auf der anderen Seite jene Minimalkonzession an die menschliche Schwäche, daß es besser sei zu heiraten als in Gelüsten zu brennen, in seiner Tendenz abzuschwächen oder in seiner Entschiedenheit zu bagatellisieren. Das frühe Christentum war kein Idyll, sondern der Kampf einer kleinen Gruppe von Verschworenen gegen eine allgegenwärtige „Umweltverschmutzung" (als Kuriosum erwähne ich hier, daß das amerikanische Wort für Umweltverschmutzung immer noch identisch ist mit jenem frühchristlichen, die fleischliche Sünde meinenden Wort „pollutio").

In dem Augenblick freilich, wo das Christentum Staatsreligion wurde, wo es nicht mehr peinlich war, sondern opportun, ihm anzugehören, fiel die Gemeinde, der Kreis der Auserwählten, an die Welt zurück. Nun entwickelte sich das Mönchtum als Gegenmittel, als Kraftzelle, als Wiederherstellung der Frühgemeinde. Wieder ist das Wort „ordo", mit dem es sich im Westen konstituiert, militärisch zu verstehen, könnte mit „Truppe" übersetzt werden, und die Ordensregel zum Beispiel des heiligen Benedikt von Nursia hat sowohl die disziplinarische Strenge wie die aus Erfahrung erwachsende Weisheit eines Militärreglements. Dieses Männlich-Militärische unterschied die Ordensgründungen des Westens vom orientalischen Zönobitentum mit seiner tieferen Versenkung und seinen heftigeren Phantasmata, wie sie in den Versuchungen des Wüstenvaters Antonius klassisch geworden sind.

Unser Bild würde freilich im wesentlichen Punkt nicht stimmen, wenn es diese Defensivhaltung, dieses heutigen Hygiene-Übertreibungen vergleichbare Reinheitsbedürfnis zu sehr in den Vordergrund rückte. Was wir als eigentliche Aufbaukraft des Christentums betrachten dürfen, ist jene brüderliche und schwesterliche Liebe, welche die Gemeindemitglieder miteinander verband. Die Griechen, in deren Sprache die Frohe Botschaft aller Welt verkündet wurde, kannten nicht nur den gliederlösenden Eros und die bezaubernde Aphrodite, sondern hatten auch ein sehr viel weniger aufregendes Wort für die Liebe, *philótes* oder *philía*, ein Wort, das auch den ganzen Bereich der Freundschaft und der Beziehungen zwischen Eltern und Kindern, Bruder und Schwester, Gatte und Gattin abdeckte. Es ist nun höchst bedeutsam, daß Paulus eben dieses Wort nicht wählte, sondern bewußt als zentralen Begriff, als Sinnmitte der Gemeinde, ein anderes, viel selteneres aufgriff und mit sakralem Glanz ausstattete: *agapáo* „freundlich aufnehmen", mit dem Substantivum *agápe* „Freundschaftsmahl". Dieses Freundschaftsmahl selbst wird, verbunden mit der Dankesfeier als Wiederholung des letzten Abendmahls, der Mittelpunkt der Kultgemeinschaft, wo alle, Herren und Sklaven, Reiche und Arme, Eltern und Kinder, Gleiche sind als Brüder und Schwestern des Herrn, als Kinder des göttlichen Vaters.

Man darf das durchaus parallel zur Konstituierung der Menscheneinheit in der Zweiheit von Mann und Frau im Garten Eden sehen. „Sie werden ein Fleisch sein" gilt nun auch auf der höheren Ebene der Abendmahlsgemeinde. Alle haben Anteil an dem einen Leib. Paulus zitiert das Paradieseswort ausdrücklich, wenn er von der Liebe des Mannes zur Frau sagt, sie sei nichts anderes als die Liebe des Mannes zu sich selbst. Die Ehe erlangt eben dadurch ihre sakramentale Würde. So wird in kühner Konsequenz die Kirche zum mystischen Leib Christi, oder sie wird Jesu Braut, Paulus der Brautführer. Freilich nahm es dann doch mit den Liebesmählern ein Ende, und dabei spielten Unzuträglichkeiten keine geringe Rolle, die der Daimon Eros unter den tafelnden Christen anrichtete.

Zu den Folgen des spätantiken Zusammenbruches gehört es dann, daß die Zeitläufe seit den Barbareninvasionen die vom Christentum gelehrte *austerity* förderten: Der Luxus verschwand, die Armut zog ein. Die Sitten wurden rauh, das Ethos kriegerisch, Eros war wieder so vorplatonisch gewalttätig wie zu Zeiten des Königs Agamemnon oder des Königs David. Horte der Gesittung waren nur die Klöster, und es ist eine der vielen Merkwürdigkeiten, ja Listen der Geschichte, daß ehelose, zur Keuschheit verpflichtete Mönche die antiken Texte abschrieben und für uns retteten, in denen die Liebeskultur der Griechen und Römer sich entfaltete.

Zunächst freilich wurden sie für die Klosterschulen gereinigt, nur das Große, Hehre, Strenge, Edle wurden weitergegeben. Man wird der so entstandenen Monokultur des frühen Mittelalters und des beginnenden Hochmittelalters eine eigentümliche Größe nicht absprechen: vom gregorianischen Gesang bis zu den Kirchenbauten, von den Reliquiaren bis zu den Miniaturen entfalteten sich die Künste im Dienst Gottes, hochstilisiert, so streng wie die Gewänder, die den Körper der Männer und der Frauen auf gleiche Weise langfließend verhüllten. Auch die berühmten Frauen jener Zeit, von Hrotswit von Gandersheim bis zur heiligen Hildegard von Bingen, blicken uns ernst an, ohne jede Konzession an Anmut und Lieblichkeit. Die Klöster gaben den Ton an, man hat von einer monachokratischen Kultur gesprochen. Kennzeichnend für die Epoche ist das heilige Kaiserpaar ohne Nachkommen, Heinrich II. und Kunigunde, von dem man flüsterte, es lebe in keuscher Ehe.

Was dann mit dem 12. Jahrhundert losbrach, durchbrach, die Welt veränderte, wirkt aus dem historischen Rückblick, der die Jahreszahlen zusammenzieht, wie eine Explosion. Gegenüber aller Stilisierung, aller argwöhnischen Strenge wurde die Natur wieder in ihre Rechte eingesetzt, ja geradezu von geistlichen Schriftstellern zu einer göttlichen Potenz hypostasiert. Der Vorgang hat etwas frühlingshaft Befreiendes, und wie ein wirklicher Frühling begann er an allen Ecken und Enden: sowohl in einer weltlichen Gegenkultur wie in einer völligen Verwandlung der klerikalen.

In den Klerikerschulen rückte ein bis dahin verpönter Autor an die Spitze: Ovid. Die *aetas Ovidiana* begann. An den Fürstenhöfen des heutigen Südfrankreichs entstand jäh, wie aus dem Boden gestampft, die Kunst der Troubadours und mit ihr ein neues gesellschaftliches Phänomen: der Frauendienst.

Eros kehrte wieder, als Amor mit großem A. Er hat sich seitdem nicht mehr aus der europäischen Kultur verdrängen lassen. Was unsere Kultur bis zur Inthronisierung des neuen Idols *Sex* war, ist in Bausch und Bogen die Folge eines neuen Gleichgewichts zwischen christlicher Strenge und weltlicher Freiheit, das sich damals konstituierte, in Kämpfen und Zerreißproben, aber ohne daß der eine Anspruch, der christlich-asketische, oder der andere, der weltlich-erotische, je dauerhaft gesiegt hätten.

Was zu Beginn des 12. Jahrhunderts zuerst in der Languedoc, dann in der Provence entwickelt wird, ist eine ganz ähnliche Konstruktion wie die platonische zur Rechtfertigung und Veredelung der Knabenliebe. Hier wie dort ist das zugrundeliegende Verhältnis eigentlich illegitim: denn im Minnesang dient, huldigt der Sänger immer einer anderweitig verheirateten Frau. Die unverheirateten – Fräulein, *pucelles* – bleiben, was sie waren: Wertartikel im Besitz ihrer – veräußerbaren – Jungfräulichkeit.

Im Minnedienst wird die Freibeuterei der Männer an die goldene Kette eines „platonischen" Dienstverhältnisses gelegt, das Weib wird zur Frau, also Herrin, erhoben, nicht mehr Objekt der Lust, sondern der Anbetung, in einem Kult, in dem sie, die Dame, ihrem Anbeter als eklatanten Gnadenbeweis einen Gruß oder ein Lächeln spendet.

Der Dienst selbst setzt sich in ein ähnliches Stufensystem um wie das platonische, mit dem Unterschied, daß auf der höchsten Stufe an die Stelle der Weisheit der hohe Mut tritt, die adlige Lebensbewährung. So wie sich die griechische Knabenliebe am vollkommensten in den Helden der thebanischen Heiligen Schar verkörpert, so ist der Minnedienst am reinsten in ritterlichen Taten, in Ausfahrten und Abenteuern, in der Literatur der Zeit zum Beispiel zwecks Befreiung gefangener Jungfrauen. In der Praxis waren für solche Bewährung nicht hinreichend gefangene Jungfrauen vorhanden; statt dessen sorgten Turniere und andere Hoflustbarkeiten für Gelegenheit zum Damendienst.

Die bis dahin an den Rand der Gesellschaft gedrängten Frauen fanden sich als *Damen* wieder, tonangebend, Schiedsrichterinnen für edle Zucht und feine Sitte, Mäzeninnen für Dichter und Musiker. Im Lauf der Jahrhunderte rückten sie zu Veranstalterinnen einer Einrichtung auf, die das bescheidenere, aber gewürztere Gegenstück zum Pomp des Hofes bildete: des Salons. Auch dort wurde erzogen: „Willst du erfahren, was sich ziemt, so frage nur bei edlen Frauen an", dichtete Goethe, der einen solchen Kurs der höheren, edleren Lebensführung bei Frau von Stein absolviert hatte.

Daß er dann eilends nach Italien reiste, um dort auch die erdnäheren Formen der Liebe kennenzulernen, steht auf einem anderen Blatt. Wir wollen das „romantische" Verhältnis zur Frau nicht unsererseits romantisieren, wie es das überkeusche (und eben darum notwendig heuchlerische) 19. Jahrhundert getan hat. Gewiß wird man dem Wort vom Ewig-Weiblichen, das uns hinanzieht, gegenüberstellen dürfen, daß um 1850 Mädchen nicht die höhere Schule besuchen durften, daß jungen Frauen die Hochschulen bis zum Jahrhundertende verschlossen waren, daß der Ehemann nach bürgerlichem Recht gegenüber seiner Frau verfügungsberechtigt war, daß Frauen nicht wählen durften und so weiter. Die Frauenrechtsbewegung hatte alles Recht auf ihrer Seite. Aber die Fiktion, welche die Frau als Dame höher stellte als den Mann, die ihr Verehrung einräumte, ihre gesellschaftliche Position ebenso heraushob, wie sie ihre familiäre niederdrückte, setzte auf ihre Weise Realitäten, und was so de facto entstand, war ein hochbewegtes Spiel um Einfluß, ja um Macht, bei dem die Frauen keineswegs immer die Verliererinnen waren.

Elftes Kapitel:

Blick nach vorn

Erst wenn man das Erbe ganz übersieht, läßt sich feststellen, was vertan, verspielt, über Bord geworfen worden ist. Es stellt sich heraus, daß „Welt" und „Sitte", Verführung und Verbot, in einem dialektischen Verhältnis zueinander standen. Eros, das Verlangen, und Aphrodite, der Reiz, lassen sich ja von keiner politischen Kraft oder geistlichen Macht ganz unterdrücken. Auch der heutige fundamentalistische Islam, in dem die Frauen wieder verschleiert und in lange Gewänder gehüllt gehen, schließt ſeurige Blicke und ehebrechende Verliebtheiten nicht aus.

Aber in dem Augenblick, wo Verlangen und Reiz völlig frei agieren dürfen, stellt sich heraus, daß ihnen damit ein wesentliches Element ihrer selbst, ein Steigerungsfaktor, entrissen wird. „Scham" und „Anstand" sind sinnvolle Widerstände zur Stromregulierung, die völlige Freigabe des Geschlechtlichen hat den gleichen Effekt wie die Herzauberung eines Schlaraffenlandes, in dem man maßlos und ohne Tischsitten über alles herfallen darf, was da an guten Dingen aufgestapelt ist.

Wer vorurteilslos die eigene Umwelt beobachtet, wird freilich nicht unbedingt Zeter und Mordio schreien oder Klagelieder anstimmen müssen. Eine merkwürdig lustlose Stimmung liegt über dem ganzen Bereich, der einmal seinen Kitzel vor allem aus dem männlichen Verlangen zog. Die Nachtlokale, die einmal, zu Zeiten unserer Großväter, Orte der höchsten Lust waren, des stimulierten und meist nicht befriedigten Verlangens („Dann geh ich zu Maxim ..."), sind aus dem Stadtbild verschwunden; Saunas, Badeanstalten haben ihre Stelle eingenommen. Die Peepshows sind angelegt als eine Art von Bedürfnisanstalten. Wer derlei besucht, erledigt etwas, singt aber keine Lieder mehr.

Auch die Skandalchronik der Kultur bringt keine rechte Empörung mehr hervor, so wenig wie echte Begeisterung. Die Chronik meldet zwar am Ende des Jahres 1985, daß der einmal verfemte und umkämpfte Autor Jean Genet, der Dieb, Zuhälter, Homo und Poet, mit seinem Stück „Der Balkon" zur Ehre der Comédie Française, des ehrwürdigen französischen Nationaltheaters, aufgestiegen ist, aber „Genets üppige Theaterphantasie erscheint auf der Bühne der Comédie Française in so marmorne Ferne gerückt, als gelte es vor allem, seinen Klassikerrang zu beweisen; ... das Bordell, das die Gesellschaft der Mächtigen spiegelt, ist da ein Schauplatz abgelebter Rituale, aus denen sich alle Erlebnislust längst verflüchtigt hat." Oder: Eine Autorin, die sich Jeanne de Berg nennt, schildert sadomasochistische Praktiken, die sie in Paris angeblich selbst inszeniert hat. Aber ihr Buch erscheint in einem angesehenen Verlag, sie selbst gibt Interviews, und am Ende stellt sich heraus, daß sie die Gattin des Romanautors Robbe-Grillet ist, den feinsten literarischen Kreisen zugehörig. Auch der Titel betont das Standesgemäße: „Cérémonies de femmes" heißt das Buch, das nicht einmal mehr einen Sturm im Wasserglas auslöst.

Wer auf der anderen Seite die aufwachsenden jungen Leute mustert, sieht sie oft frisch, oft sportlich, und wie immun gegen alle pornographische Zurschaustellung. Sie verlieben sich, so sieht es aus, wie alle jungen Leute seit Romeo und Julia, sie neigen, nicht alten Vorschriften, sondern dem eigenen Instinkt folgend, zur Treue. Zu einem so gewagten Abenteuer, wie es die Heirat heute darstellt, wagen sie sich freilich nur schwer zu entschließen. Manche Beobachter glauben schon die Parole ausgeben zu dürfen, der *Sex* sei tot, und die Erotik habe wieder ihre Chance.

Ich bin da skeptisch. Die neue Ungezwungenheit bringt manches mit sich, was auch einem liberalen und toleranten Beobachter unserer Sitten nicht gefallen kann: etwa daß junge Liebende sich im Haus der Eltern ungeniert ihrer Liebe widmen, oder daß trotz aller Verhütungsmittel immer noch in der Bundesrepublik mehr als 200.000 Ungeborene im Jahr abgetrieben werden. Die frühen eheähnlichen Verhältnisse, aus denen dann doch keine richtige Ehe wird, sind eine Belastung der Gesellschaft. Die Ausbreitung der Homosexualität ist auch unter dem Gesichtspunkt mangelnden „generativen" Verhaltens bedenklich.

Die Reform hat hier wie anderswo die berühmten „verkrusteten Strukturen" aufgebrochen, aber sie hat am Ende statt neuer Maße und Regeln eine Tabula rasa hinterlassen. Regeln konstituieren sich nicht von selbst. Der Weg zurück ist nicht mehr gangbar. Auch für das Christentum genügt es nicht, mit dem Zeigefinger auf das alte Wertsystem hinzuweisen.

Es ist Denkarbeit zu leisten zuerst. Es muß Erziehungsarbeit folgen. Eltern und Lehrer müssen überzeugt werden, Mediziner und Moralisten müssen zusammenarbeiten. Der törichte Gegensatz zwischen Muckern, Dunkelmännern, Leibfeinden einerseits und Wegbereitern, Lichtbringern, Seelenheilern andererseits muß begraben werden, denn die neue Welle hat sicher so viele neue Neurosen und Verklemmungen hervorgebracht wie einmal die Moraltheologie. Die Irrtümer Freuds müssen deutlich benannt, seine Erkenntnisse eingeordnet werden. Die platonische Vorstellung vom Menschen als Wagenlenker, von der Beherrschung der Triebe, muß wieder jungen Menschen einleuchten.

Wer pessimistisch ist, sieht mit der Epoche, mit dem Jahrhundert unsere Kultur, unser Abendland, unser Europa sterben. Wer Zuversicht hat, weiß, daß im Sterben der einen Epoche schon die Keime der kommenden sich entfalten. Freilich, sie wachsen nicht von allein. Es gibt, neben der Libido, auch die Lust, das Neue zu wagen, zu fördern, zu vollziehen.

Es gibt, neben der Skepsis und dem Zynismus, neben dem blinden Konsumwillen, auch den Glauben an den Menschen, der im Glauben an Gott seine Rechtfertigung findet. Es gibt, allem Nihilismus zum Trotz, auch die Hoffnung, daß die Möglichkeiten des Menschen noch nicht alle durchprobiert sind. Es gibt, neben dem Egoismus, der sich im *Sex* genußsüchtig seine Lustobjekte sucht, als Ahnung – wiederzuentdecken – die *Liebe,* die wie Dante sagt, die Sonne bewegt und alle Sterne.

Anmerkungen und Literaturhinweise

Vorwort

1 Es wäre eine lohnende Aufgabe, Begriffsgeschichte und Verwendungsbereiche von „Erotik" („Eros") und „Sex(ualität)" zu untersuchen. Oft ist „Eros" („Erotik") nur der mildere, unverfänglichere, „feinere" Ausdruck für den gleichen Gegenstand, so durchwegs noch in den zwanziger Jahren, später im philosophischen und theologischen Bereich, während „Sexualität" stärker medizinisch-biologisch bezogen erscheint. „Sex" hat den enormen Vorteil des kürzesten Wortes; es ist ebenso praktisch als Ladenschild wie als Schlagzeilen-Bestandteil. Auch Adjektiva wie „galant", „pikant", „zweideutig", „schlüpfrig", „leichtgeschürzt" sind zeitgebunden.

2 Der Terminus „sexuelle Revolution" taucht zuerst als Titel bei dem Freudschüler Wilhelm Reich auf („Die sexuelle Revolution", 1936, „La révolution sexuelle" Paris 1945).

3 Zitiert bei Ludwig Marcuse: Sigmund Freud, Zürich 1972, S. 26.

4 Es mag, da wir im Zeitalter der „Neuen Unübersichtlichkeit" (Habermas) leben, möglich sein, daß mir andere Darstellungen des gleichen Themas, die den gleichen Gesamtzeitraum betreffen, entgangen sind. Das großangelegte, sehr eigenwillige Werk von Annemarie und Werner Leibbrand: Formen des Eros, Kultur- und Geistesgeschichte der Liebe, Freiburg/München 1972, wählt in den letzten Abschnitten des zweiten Bandes eine ähnliche Fragestellung, verwirft aber ausdrücklich die Klassifizierung als „sexuelle Revolution".

5 Von da aus führt der Weg weiter zur strukturalistischen Behandlung der Sexualität, vor allem bei Michel Foucauld.

1. Kapitel: Der dionysische Mensch

1 Dazu gehört die Treue gegenüber der Mätresse, das gänzlich bürgerliche Verhältnis zu der Schauspielerin Katharina Schratt.

2 Aus der gleichzeitigen deutschen Literatur zum Thema Seine-Babel: Hans Wachenhausen: Das neue Paris, Leipzig 1855; vom gleichen Autor: Die Frauen des Kaiserreichs, Berlin 1858, Pariser Photographien, Berlin 1868; Vom neuen Babylon, Berlin 1872; Albert Wittstock: Haus, Frau, Familie im Babel an der Seine, Berlin 1871.

3 Vgl. Werner Ross: Der ängstliche Adler, das Leben Friedrich Nietzsches, Stuttgart 1980, Taschenbuchausgabe München 1984. Wichtig der Einfluß des Seine-Babels a. a. O. S. 152ff.

4 Die Vorgeschichte von Nietzsches dionysischem Menschen bei Martin Vogel: Apollinisch und dionysisch, Geschichte eines genialen Irrtums, Regensburg 1966.

5 Über die Raubtiermode der neunziger Jahre Dolf Sternberger: Über Jugendstil, Frankfurt [2]1977. Vgl. auch die nach 1900 entstehende Malergruppe der „Fauves" („Raubtiere").
6 Zu Nietzsches sadomasochistischen Neigungen Ross a. a. O., S. 718ff.
7 Nietzsche, Werke, ed. Schlechta, III, S. 463, 465.

2. *Kapitel: Psychopathia sexualis*

1 Richard von Krafft-Ebings „Psychopathia sexualis", lange ein Standardwerk, ist 1984 im Münchner Matthes & Seitz-Verlag als Kuriosum oder Zeitdokument wieder aufgelegt worden, mit Beiträgen von Henri Bataille und anderen. Die neuen Bezeichnungen erscheinen erst in der 6. Auflage; das Werk selbst wurde beträchtlich erweitert.
Die Arbeiten Freuds zur Sexualtheorie sind in Band 5 der Studienausgabe unter dem Titel „Sexualleben" zusammengefaßt. Für Freuds Biographie ist das Werk von Ernest Jones in der deutschen Übersetzung nach der dreibändigen Taschenbuchausgabe (München 1984) zugrunde gelegt.
2 Alfred von Berger, bei Jones I, 299.
3 Blochs Werk, in der Berliner Verlagsbuchhandlung Louis Marcus erschienen, versteht sich selbst als eine Enzyklopädie der Sexualwissenschaft, die zum erstenmal die Ergebnisse dreißigjähriger Forschung zusammenfaßt. Neben Bloch ist vor allem Magnus Hirschfeld zu nennen, der das Berliner Institut für Sexualwissenschaft begründet und für die Straffreiheit der Homosexuellen kämpft. Der erste Lehrstuhl für Sexualwissenschaft wird 1972 an der Hamburger Universität eingerichtet. Vgl. dazu A. Wettley: Von der Üsychiatrie zur Sexualwissenschaft, Stuttgart 1959.
4 Bloch a. a. O., S. 501.
5 Brief an Fließ zitiert nach „Sexualleben" S. 13. Anders schildert Freud selbst seine Verwunderung über die Wirkung seiner Thesen, s. Jones a. a. O., I 319.
6 Polymorph pervers: „Sexualleben" S. 97.
7 Freuds Selbstanalyse bei Marcuse a. a. O., S. 32f.
8 „Sexualleben" S. 71.

3. *Kapitel: Lichtleib und Lichtkleid*

Meine Darstellung folgt hier weithin dem unvergleichlich materialreichen, die Zeitströmungen miteinbeziehenden Werk der Autoren Janos Frecot, Johann-Friedrich Geist und Diethart Kerbs: Fidus 1868–1948, Zur ästhetischen Praxis bürgerlicher Fluchtbewegungen, München 1972. Die im Titel angedeutete politische Tendenz dieser fast 500 Seiten umfassenden, reich illustrierten Fleißarbeit tritt nur gelegentlich hervor.
1 Nietzsche, Aus dem Nachlaß, Schlechta III, S. 901.
2 Frecot-Geist-Kerbs S. 48ff.
3 a. a. O., S. 66–74.
4 a. a. O., S. 105f.
5 Die „Kurze Lebensbeschreibung" ist bei Frecot-Geist-Kerbs weitgehend abgedruckt, ebenso das Tagebuch, s. a. a. O., S. 140ff.

4. *Kapitel: Psycho-Boheme*

Auch dieses Kapitel schließt sich an eine Studie an, die den Verzweigungen der Theorien und der menschlichen Beziehungen folgt, die sich um bestimmte Vordenker und Propagandist(inn)en ergeben, dem 1974 erschienenen und 1976 ins Deutsche übersetzten Buch von Martin Green: Else und Frieda, die Richthofen-Schwestern.

1 Eine gute Einführung in die Geschichte Schwabings gibt Kurt Seeberger/Brigitta Rambeck: Schwabing, ein abenteuerlicher Weltteil, München 1980.
2 a. a. O., S. 23.
3 a. a. O., S. 36.
4 a. a. O., S. 53.
5 Auf Otto Groß als eine Hauptfigur der sexuellen Revolution bin ich erst durch das Buch von Martin Green aufmerksam geworden, der ihn als Liebhaber und Freund der Richthofen-Schwestern in den Vordergrund seiner Darstellung geholt hat.
6 Über den Monte Verità, der auch in der Entwicklung der Freikörperkultur eine Rolle spielt, von der Heydt, Mühsam u. a.: Ascona und sein Berg Monte Verità, Zürich 1979, und Robert Landmann: Ascona – Monte Verità, Zürich/Köln 1973, Taschenbuchausg. Frankfurt/Berlin/Wien 1979.
7 Jones: Freud, II S. 46.
8 a. a. O., S. 171f.
9 Beide Zitate Green a. a. O., S. 64f.
10 Marianne Weber: Max Weber, ein Lebensbild, S. 384.
11 Green a. a. O., S. 103.
12 Die Geschichte der drei Fassungen in Roland Garts Nachwort zur deutschen Ausgabe der zweiten Fassung, D. H. Lawrence: John Thomas & Lady Jane, Zürich 1975, Taschenbuchausgabe 1978. Dort der Hinweis, daß die beiden Namen des Titels in der englischen Umgangssprache für männliche und weibliche Geschlechtsteile stehen.
13 Dieses und das folgende Zitat John Thomas & Lady Jane a. a. O., S. 288f.
14 Green a. a. O., S. 310.
15 Wilhelm Reichs „Die sexuelle Revolution" erschien zuerst 1936 unter dem Titel „Die Sexualität im Kulturkampf" im Exil (Verlag Sexpol, Kopenhagen). Die dritte Auflage erschien deutsch und französisch 1945, die vierte 1949. Eine weitere, nach der hier zitiert wird, ist Frankfurt 1966 erschienen. Über Franz Jung Green a. a. O. 57f, 86f.
16 Das Vorwort abgedruckt in der oben angegebenen Ausgabe von 1966.

5. Kapitel: Corydon

1 Zu Rimbaud die vorzügliche auch biographische Einleitung zu den Œuvres, Paris (Garnier) 1960.
2 Einführung a. a. O., S. 42
3 Œuvres S. 239.
4 Ivan Bloch, a. a. O., S. 520.
5 Vgl. dazu das grundlegende Werk von Kenneth J. Dover: Homosexualität in der griechischen Antike, München 1983.
6 Deutsch Paul Claudel – André Gide: Briefwechsel 1890–1926, Stuttgart 1952.
7 André Gide: Corydon, Editions de la Nouvelle Revue Française, deutsche Übersetzung Stuttgart 1932, in der Bibliothek Suhrkamp 1964.
8 Zu George Franz Schonauer: Stefan George in Selbstzeugnissen u. Bilddokumenten, Reinbek 1960, S. 44ff, 103ff. Eine seltsame Parallele zu Georges Maximin-Verklärung hat sich 1909 abgespielt, als die Präsidentin der Theosophischen Gesellschaft, die zu ihrer Zeit hochberühmte Annie Besant, veranlaßt von ihrem homosexuellen Vizepräsidenten und Berater Charles Leadbeater, den schönen Inderknaben Krishnamurti zur Reinkarnation des Messias ausrief. Dies war übrigens der Anlaß, daß Rudolf Steiner die Theosophen verließ und die Anthroposophische Gesellschaft gründete.

9 a. a. O., S. 154.
10 Deutsche Übersetzung Jean-Paul Sartre; Saint Genet, Komödiant und Märtyrer, Reinbek 1982.
11 Vgl. Allen Ginzbergs Notizbücher 1952–1962, herausgegeben von Gordon Ball, aus dem Amerikanischen von Bernd Samland, München 1984, und: Lyrik der Beat-Generation, München 1985.
12 a. a. O., S. 12.
13 a. a. O., S. 24.

6. *Kapitel: Auflösung*

1 Eine spezifisch moralische Bedeutung hat „Auflösung", *dissolution*, im Französischen; „une vie dissolue" entspricht einem „ausschweifenden Leben".
2 „Entartung" war das Schreckensthema des letzten Jahrhundertendes wie „Angst" das des jetzigen. Die Rassentheorien der Nazis entstammen dieser Periode ebenso wie ihr Kunstbegriff („entartete Kunst").
3 Die erste Ausgabe von „Sexus" erschien 1945 in Paris, die amerikanische Gesamtausgabe der drei Romane erst 1965. Die deutsche Übersetzung (bei Rowohlt) erschien zwischen 1962 und 1970.
4 Deutsch „Eros und Kultur, ein philosophischer Beitrag zu Sigmund Freud", Stuttgart 1957.
5 So im zehnten Kapitel seines Traktats, mit der Überschrift „Die Verwandlung der Sexualität in den Eros".
6 Über den Prozeß Ludwig Marcuse in: Obszön. Die Geschichte einer Entrüstung, München 1962, S. 265ff.
7 Das Gutachten und die folgenden Zeugnisse in Wilhelm Emrich: Polemik. Streitschriften, Pressefehden und kritische Essays um Prinzipien, Methoden und Maßstäbe der Literaturkritik. Frankfurt/Bonn 1968.
8 Emrich a. a. O., S. 257.
9 Jungeblodts Text bei Emrich a. a. O., S. 276ff.
10 Die Rede des Ministers Hemfler im Bundesratprotokoll der 357. Sitzung vom 23. Oktober 1970. Wichtig auch der Text des Berichterstatters, des hamburgischen Senators Heinsen.
11 Adornos Zitat bei Hemfler, Bundesratprotokoll S. 233.

7. *Kapitel: Zustände*

1 Reportage von Raimond Le Visier „Wie geht es weiter mit dem Sex" in QUICK 43, 17. 10. 1985.
2 SPIEGEL 3, 1980, S. 144f.
3 Viola Roggenkamp „Über all das zu reden", ZEIT 43, 18. 10. 1985.
4 Pascal Bruckner/Alain Finkielkraut: Die neue Liebesunordnung, München 1980 (dazu SPIEGEL 14/1980, S. 214ff).
5 Günter Jurczyk: Menschenfresser im trauten Heim, RHEINISCHER MERKUR 45, 1985.
6 SPIEGEL 50, 1985, S. 235f.
7 SPIEGEL 46, 12. 11. 1984.
8 Zadeks SPIEGEL-Interview in 43/1985.
9 Reklame der SÜDDEUTSCHEN ZEITUNG im SPIEGEL 43, 1985.
10 Bericht FAZ vom 18. 3. 1985.
11 Bodo Kirchhoff: Dame und Schwein. Frankfurt 1985.

8. bis 10. Kapitel: Rückblick I bis III

Diesen Kapiteln liegt eine Vorlesung während der Salzburger Hochschulwochen 1979 mit dem Titel „Kultur und Eros" zugrunde. Sie gehen weder auf eigene Quellenstudien zurück noch beabsichtigen sie eine Auseinandersetzung mit der Forschung, was angesichts der Ausdehnung dieser Panoramen ein Ding der Unmöglichkeit wäre. Ihr Ziel ist erreicht, wenn sie allbekannte Fakten und Zitate in einen schlüssigen Zusammenhang bringen.
Einige Buchverweise mögen nützlich sein:
Hans Walter Wolff: Anthropologie des Alten Testaments. München 1973; Claude Tresmontant: Biblisches Denken und hellenistische Überlieferung, Düsseldorf 1956; Moses I. Finley: Die Welt des Odysseus, München 1979; Egidius Schmalzriedt: Platon, der Schriftsteller und die Wahrheit, München 1969; Denis de Rougemont: L'amour en Occident, Paris 1939; René Nelli: L'érotique des troubadours, Toulouse 1963.

11. Kapitel: Blick nach vorn

Mit Recht, wenn auch ohne besonderen Scharfsinn, hat Jürgen Habermas die Epoche, in der wir leben, als die der Neuen Unübersichtlichkeit gekennzeichnet. Es ist – auch im Zeichen der Postmoderne – viel im Gang, ohne daß sich die Konturen des Neuen schon abzeichneten. Ich nenne, aus zufälligem Bekanntwerden, einige Titel von Büchern und Aufsätzen, wo sich die Suche nach neuen Perspektiven artikuliert: Christoph Wulf (Hrsg.): Lust und Liebe, Wandlungen der Sexualität, München 1985; eine ganz dem Thema gewidmete Nummer der Zeitschrift „Konkursbuch"; den Beitrag „Das Erschrecken der Sexualität durch Gespräche und ihre Wiederauferstehung als Kunstbetrachtung" von Barbara Sichtermann in der Zeitschrift „Freibeuter", Nummer 26, 1985. Die deutlichste Tendenz ist Re-Ästhetisierung; um Moral wird ein großer Bogen geschlagen; das Tabu, das heute auf der Keuschheit so dräuend liegt wie früher auf der Unmoral, ist ungebrochen.

Namenregister